人民币国际化与
金融财税政策支持研究

THE STUDY ON RMB'S INTERNATIONALIZATION
AND SUPPORTING FINANCIAL, FISCAL AND TAX POLICY

陈小五／著

经济科学出版社
Economic Science Press

序

　　货币的历史悠长久远，作为商品交换中的等价物，货币形态上是由贝壳、龟甲等实物货币逐步过渡到金属货币和纸币，后来又发展到信用货币。货币媒介可反映各种社会经济活动与信用关系。现代信用货币同时也是建立在国家信用基础上的国家对公众的债务，具有国家权力和利益特征，由国家垄断货币的发行权和调控权。某种国内货币发展成为国际货币，这一过程被称为"国际化"。

　　货币国际化是经济全球化和一体化的产物，也是国际分工深化的产物。各国受其国际竞争力大小等因素的影响，在国际分工链条中相应地占据强弱不同的位置。一国货币职能的发挥跨越国界，根本上是该国综合竞争力和国际分工地位提高的结果，但也有一系列不尽相同的具体问题需要讨论。近现代以来，国际货币本位先后经历了以黄金、英镑、美元为主导的阶段，主要的国际货币一直在竞争合作中交替沉浮。当今，美元是主宰全球经济的国际货币，欧元是以主权国家货币联盟形态出现的新型国际货币，英镑的国际货币地位则长期处在一个由历史顶峰走向衰落的过程，日元启动国际化进程较早但国际化程度较低，一些新兴市场经济体的货币也正积极致力于区域化。

与当今世界经济格局相对应的国际货币体系被称为"美元体制"，即是由不能与黄金直接兑换的美元发挥最主要、最关键货币职能，以及在此基础上以美元为核心的国际信用循环所形成的国际货币体系。美国作为中心国家享受了较多的货币国际化收益，其他国家则承担了较多的成本和风险。这种国际货币体系的不平衡，也使得全球金融体系一直处于不稳定状态，由美国"次贷危机"引发的全球金融危机更凸显了全球金融和经济严重失衡的矛盾。

人民币国际化是顺应世界经济格局不断调整和中国国际地位稳步提升的必然过程，也是纠正全球经济失衡和推动国际货币体系改革的新生力量。中国作为经济大国，如果人民币不能顺应本国经济贸易的增长趋势，成为国际贸易、投资与金融交易的计价货币，乃至加入"硬通货俱乐部"而走向国际化，就不会取得与我国经济贸易投资总量相对称的应有地位。人民币国际化也是中国改革开放走向深入和实现经济发展方式转变的重要组成部分，有利于中国从制造大国、贸易大国走向贸易强国、金融大国，进而成为金融强国。同时，也有利于改进中国宏观经济调控、促进国际收支平衡、帮助企业规避汇率风险和提高国际经营能力。

近年来，人民币的国际化已进入起步阶段，进展较大，势头良好。周边国家和地区逐渐认可和接受人民币作为交易货币和国际清算手段，人民币的境外流通规模不断扩大。但人民币前些年在周边地区的"国际化"主要是一个自发过程，而非中国政府政策推动的结果。2008 年国际金融危机后，国际社会认识到过度依赖美元的弊端，中国从与周边国家自主选择双边货币结算协议，到与更多国家签订双边货币互换协议，再到国务院决定在上海和广东等城市开展跨境贸易人民币结算试点，均被国际社会视为中国加快推进人民币国际化的阶段性标志，人民币国际化开始有主动姿态和实质性起步。2010 年中国政府工作报告提出"推进跨境贸易人民币结算试点，逐步发展境外人民币金融业务"。2011 年《中华人民共和国国民经济和社会发展第十二个五年规划纲要》明确作出"扩大人民币在跨境贸易和投资中使用"的重要部署。2011 年全年，境内银行累计办理跨境贸易人民币结算 2.08 万亿元，比上年增长 3.1 倍，其中货币贸易结算金额 1.56 万亿元，占同期进出口总额的 6.6%，比上年上升 4.4 个百分点。截至 2011 年年底，与境内发生人民币实际收付业务的境外国家和地区为 181 个，中国人民银行已与 15 个国家和地区的中央银行或货币当局签署了双边本币互换协议。

从当前和今后一段时期看，我国面临着人民币"走出去"更好地服务对外贸易与投资、深化对外经济金融交往的历史性机遇。我国经济社会发展已从"引进来"演变为注重"走出去"，从被动应对国际竞争发展到主动融入国际市场，从逐步适应国际规则转变到积极参与国际规则制定和重大国际金融问题决策，客观上需要尽快建立与中国经济实力和发展需要相适应的人民币国际货币地位。推进人民币国际化既要遵循市场规律、循序渐进、量力而行，也不能仅仅依靠市场自发演进，要加强完善政府引导和统筹协调。

为此，如何在借鉴现有理论和历史经验的基础上，走出一条有中国特色的人民币国际化道路，是迫切需要研究探讨的课题。人民币国际化涉及面甚广，全面展开所有问题的分析不易做到，但以下问题值得重点深入探究：在目前的国际分工格局和国际货币体系下，人民币国际化面临怎样的发展空间和发展机遇；从中国今后的发展战略和全局框架看，人民币国际化会呈现怎样的发展趋势；如何看待货币国际化的本质与现象；人民币国际化会产生怎样的经济社会影响，利弊如何；人民币国际化问题上过去一些流行的观点如人民币国际化三步走、实施中国的马歇尔计划等是否必要，是否可行；人民币可兑换、人民币汇率形成机制改革、利率市场化改革等重大问题实施有无必要以及如何进行合理的顺序安排；如何实现人民币国际化的市场化演进与政府支持的有机结合；如何发挥中国自身的独特优势来推进人民币国际化；如何做好人民币国际化背景下的宏观经济金融调控、国际政策协调和金融风险控制，等等。

陈小五基于他博士后研究的成果，在本书中回应了上述问题，颇具有理论价值和实践参考意义。他在研究和论述中，一是构建了一个相对完整、逻辑严密的分析框架，系统地论述什么是人民币国际化、人民币为什么要国际化和人民币如何国际化等问题。二是充分吸纳现实变革和理论探索的新成果，进一步揭示货币国际化一般规律，分析人民币国际化的特殊性，填补了人民币国际化研究的薄弱环节。三是针对当前跨境贸易人民币结算试点的迫切现实需要，及时提供了对策性研究。四是为人民币国际化的中长期实践提供了比较完备的理论参考材料。五是从宏微观角度，系统地阐述了人民币国际化相关的金融财税政策支持问题，特别是人民币国际化与政策性金融、财税政策之间的逻辑关系，提出了相应的对策建议，并由此拓展了开放经济下的宏观经济管理理论。

　　本书作者从事金融实务操作和管理工作多年，在研究中能够坚持问题导向、贴近实际，对人民币国际化进程中的现实难题持续地关注、深入地思考。本书的研究和写作思路清晰、架构合理，注重逻辑和论证，观点鲜明、表述简练，既有对相关理论的深入理解和熟练运用，也有对一线实务的深切体会和集中概括，较好地做到了使研究"接地气"，这是值得充分肯定的。

　　人民币国际化任重道远，加强理论与实践的互动尤为重要。我相信本书的出版对丰富人民币国际化理论和及时提供决策参考意见具有积极的贡献。同时，希望作者再接再厉，针对现实中的难题和复杂现象，更多思考、总结、提炼，不断推出新的研究成果。

2012 年 9 月

前　言

　　本书围绕人民币国际化及其相关金融财税政策支持，从货币国际化的本质出发，以一国在国际分工体系中的地位与该国货币国际化的关系为内在逻辑，从理论基础、国际经验、历史和现实等角度，深入分析人民币国际化的一系列问题，重点回答什么是人民币国际化、为什么需要推进人民币国际化和如何实现人民币国际化，以及人民币国际化的宏微观经济管理等问题，系统地论述人民币国际化的金融财税政策支持的必要性和主要对策措施。

　　人民币国际化是指人民币跨越国界成为国际上普遍认可的计价、结算、投融资、储备及市场干预货币的过程。一种货币能否成为国际货币，既取决于该国的货币制度和相关政策，也受国际市场对该货币评价和接受程度的制约，与该国的经济实力和在国际经济中地位等因素相关。

　　目前人民币国际化进展具有市场需求驱动为主、政策顺势推动的特点。尽管跨境人民币业务和境外人民币业务增长较快，但人民币国际化仍处于起步阶段，且缺乏有力度的、各部门统筹协调的系统性金融财税政策支持。

　　货币国际化的收益成本模型为分析人民币国际化的动因提供了一个基本分析框架。人民币国际化的收益成本应从提供者和接受者的角度分别考察。

人民币国际化应走一条市场自发演进与政府顺势推动相结合的道路。人民币国际化的市场化战略在于，保持同中国国际分工地位变化的适应性，逐步实现中国向"市场提供者"的角色转变。主要路径包括：建立人民币跨境流通的货物贸易、服务贸易渠道，对外援助渠道，直接投资渠道及其相应的人民币回流机制；促进银行走出去和建立全球的人民币结算、投融资网络；推动人民币金融市场的对外开放，建设上海国际金融中心和香港人民币离岸金融中心，进而成为全球人民币业务的市场提供者。

金融财税政策支持集中体现了人民币国际化的政府推动。微观层面的政策支持重点在于：遵循货币国际化的市场导向和需求选择，通过必要的政策激励，增进市场主体使用人民币的净收益，主要的是外汇管理政策支持、汇率政策支持、财政政策支持、税收政策支持、政策性金融支持、国债政策支持等；宏观层面的政策支持重点是：以人民币国际化过程中的国民经济内外均衡为目标，通过政策搭配和协调，完善宏观经济调控和金融风险管理，以促进人民币国际化。

目 录

图表索引

第一章　绪　论

本章指出选题背景和研究意义，分析人民币国际化研究的现状，提出本书要研究的主要问题、研究思路和方法，介绍主要内容和结构安排，指出创新之处和研究特色。

一、选题背景与研究意义

（一）选题背景

近年来，人民币国际化进入起步阶段。随着中国经济的持续快速增长，综合国力的提升，人民币汇率的一直稳定，周边国家和地区逐渐认可和接受人民币作为计价结算手段。但人民币在周边国家和地区的流通主要是一个自发演进过程。2008 年国际金融危机使得国际社会认识到过度依赖美元的弊端。中国从与周边国家自主选择双边货币结算协议，到与更多国家签订双边货币互换协议，再到国务院决定在上海和广东等四城市开展跨境贸易人民币结算试点，均被国际社会视为中国加快推进人民币国际化战略的阶段性标志，人民币国际化开始有了实质性起步。2010 年中国政府工作报告提出"推进跨境贸易人民币结算试点，逐步发展境外人民币金融业务"。《中华人民共和国国民经济和社会发展第十二个五年规划纲要》明确作出"扩大人民币在跨境贸易和投资中使用"的重要部署。

人民币国际化是重大国家发展战略。易纲（2006）提出了中国在长期经济发展计划中的人民币战略问题，指出了采取何种人民币战略是关系到中国经济平稳发展并保持与世界各国良性互动的关键一环；大国经济不能放弃货币主权，并提出货币竞争与国家竞争密切相关，现代国家间经济竞争的胜败关键，取决于本国货币与其他国家货币之间在国际货币体系中的直接较量，经济大国发展到一定阶段后，与其他国家之间竞争的最高形式便是货币的竞争。戴相龙（2010）指出，中国金融崛起的标志有五个方面：要有国际化的人民币，要有经营和管理国际货币的大型金融体系或金融企业，有像上海这样的国际金融中心，在国际货币体系中有发言权，在国际上研究和决定重大金融问题时要有影响力。综合目前各方面的研究，可以认为：从国际看，世界货币格局不仅反映更能影响世界经济格局，货币矛盾集中反映了全球经济全球化矛盾。人民币国际化有利于化解全球经济失衡和货币体系失衡，促进区域经济金融合作。人民币成为国际货币的过程，背后是世界经济格局不断调整且中国地位走向强势的过程。从国内看，人民币国际化是中国改革开放走向深入和经济发展方式转变的重要组成部分。人民币国际化表明中国经济开放开始进入高级阶段。人民币国际化有助于中国从制造大国、贸易大国走向贸易强国、金融大国，进而成为金融强国，有利于改进中国宏观经济调控、促进国际收支平衡、帮助企业规避汇率风险。人民币国际化需要中国经济结构向内需发展方向转变，并逐步成为全球市场的提供者，不能孤军深入，应进行经济发展战略调整和加大各方面政策支持。

人民币国际化是一个较长的历史过程。一国货币要成为国际上被广泛接受的货币，需要一个长期过程。中国在经济总量和贸易总量上对世界经济做出了重要贡献，人民币在世界经济发展中发挥了一定作用，但如果要实现人民币国际化将需要一个较长的历史过程。中国正在开展的跨境贸易和投资人民币结算试点是为应对国际金融危机而采取的具体举措，目的是促进贸易和投资便利化。跨境人民币结算规模快速增长，说明这一措施适应了市场需求。

人民币国际化问题需要深入研究。当前我国面临着人民币走出去更好地服务于对外贸易投资、深化对外经济金融交往、扩大改革开放，以及维护国际经济金融稳定发展的历史性机遇。如何在借鉴现有理论和历史经验的基础上，走出一条有中国特色的人民币国际化道路，是迫切需要研究探讨的课题。

（二）研究意义

本书研究及时顺应人民币国际化的理论发展需要和现实需求，具有很强的理论价值和实践指导意义。主要体现在：一是充分吸纳现实变革和理论探索的新成果。关于人民币国际化研究大致可划分为亚洲金融危机前、亚洲金融危机后至本次美国次贷危机爆发前、美国次贷危机爆发以来等三个时期。本书研究正处于第三时期，将充分汲取人们对本次国际金融危机、现行国际货币体系弊端等问题的反思，在反思中审视人民币国际化问题，并及时将反思的最新成果应用到人民币国际化研究中。二是进一步充实和完善人民币国际化理论体系。国际货币体系改革、区域货币金融合作等现有研究较多，系统地研究人民币国际化的文献相对较少。本书进一步揭示货币国际化的一般规律，指出人民币国际化的特殊性，填补研究的薄弱环节。三是针对当前跨境贸易人民币结算试点的现实迫切需要，本书及时提供了一种对策性研究。四是为人民币国际化的实践提供较为完备的理论参考。人民币国际化是一个较为漫长的动态过程，需要整体谋划，并要处理好同人民币自由兑换、金融稳定、金融改革开放等方面关系，本书进行了理论探索和实践总结。五是人民币国际化对经济金融宏观调控的影响是十分复杂和全方位的，过去主要考虑国内，今后要统筹国内国外，货币开放也标志着中国对外开放进入最高阶段，本书研究由此丰富了宏观经济金融调控的理论与实践。

二、研究现状与启示

（一）研究现状

自 20 世纪 60 年代以来，不少西方学者开始研究货币国际化问题。随着美元霸权地位的衰落、日元国际化的推进，以及欧洲货币一体化的成功进行和欧元作为国际货币的出现，货币国际化问题引起了越来越多学者的兴趣。对于什么样的货币能成为国际货币，以及货币国际化对本国及其他国家会产生什么样的影响等问题，他们分别从不同角度进行了深入探讨。美国经济学家多恩布施（1999）指出：20 年后，这个世界上将肯定只剩下为数不多的几种货币。在南美和北美，美元将通用；在亚洲，中国的人民币将有可能占据主导地位；而在其余地区，欧元将成为主要货币。德国前总理施密特（2001）预测：30 年后，世界将会有三种主要货币——美元、欧元和人民币。蒙代尔也认为，中国可能成为继美元区、欧元区和日元区后，下一个货币候选国。

人民币国际化问题早在 20 世纪 90 年代初就被国内学术界提出。亚洲金融危机前，国内学者从货币国际化的一般性条件及规律出发，对人民币国际化的必要性、可行性、成本与收益等问题进行了较为深入的探讨，同时提出了人民币国际化所需的条件和基本的战略构想。亚洲金融危机后，东亚区域货币金融合作被提上日程，人民币区域化和国际化问题引起国内学者的普遍关注。由美国次贷危机引发的国际金融危机爆发以来，关于人民币国际化等问题的讨论快速升温。在 2008 年年底国务院宣布开展跨境贸易人民币结算试点之前，人民币国际化在很大程度上还只是理论研究的课题；而在此之后，则开始真正有了实质性的起步，对于人民币国际化意义的共识前所未有。

与人民币国际化有关的国内外研究可概括为以下方面：其一，

人民币国际化的内涵、国际化程度和跨境流通的衡量。关于人民币国际化的内涵，大多从货币职能、地域范围、影响力等角度进行界定，但始终没有形成一个统一的定义。一般而言，所谓人民币国际化是指，人民币的部分或全部职能由中国境内扩大到周边国家或地区乃至全球范围，最终演化为国际区域直至全球通用货币的动态过程。关于人民币国际化程度，李稻葵等（2008）采用货币国际化指数进行了计量。关于人民币跨境流通的规模、分布等情况，国家外汇管理局有过专门测算；刘力臻、徐奇渊（2006）及孙东升（2008）等都作了实证分析。不过，人民币跨境流通数据隐蔽分散，尚未有公认的计量方法和结果。

其二，人民币国际化的相关理论基础。主要有最优货币区理论、货币替代理论、区域货币合作理论、霸权稳定论、三元悖论、汇率理论等。（1）最优货币区理论。最优货币区理论（Optimum Currency Areas，简称 OCA）是在 20 世纪 60 年代经济学界关于固定汇率与浮动汇率孰优孰劣的争论中，由罗伯特·蒙代尔（Robert A. Mundell，1961）首先提出。而后，许多经济学家就最优货币区理论从不同角度进行了深化。蒙代尔主张用生产要素的高度流动性作为确定最优货币区的标准；麦金农（Ronald I. Mckinnon，1963）、比得·凯南（Kenen）、詹姆斯·伊格拉姆（James In-gram）、托尔和威莱特（Tower、Willet，1976）、G. 哈伯勒（G. Harberler），弗莱明（J. M. Fleming）分别提出了从低程度多样性、国际金融一体化程度、政策一体化以及通货膨胀的相似性作为确定最优通货区的标准。进入 20 世纪 70 年代后，格鲁博（Gm-bel，1970）、戈登（Gorden，1972）、石山（Ishiya，1975）、滨田宏一（Hamada，1985）、雷曼（S. S. Rehman，1997）、克鲁格曼、奥博斯菲尔德（Kmgman、obstfeld，1998）等对加入货币区的收益成本用"GG—LL"模型表示，使该理论更趋成熟。后来又出现了"网络外部性与转换成本"理论。进入 20 世纪 80 年代特别是 90 年代后，经济学家对最优货币区标准的内生性、货币联盟与政策、政治联盟之间的关系以及汇率工具的效应等问题进行了翔实的实证分析，得出了许多有意义的结论。（2）货币替代理论。包括："格雷欣法则"的"劣币驱逐良币"规律与"逆格雷欣法则"的"良币驱逐劣币"规律。在现代信用货币制度下，"逆格雷欣法则"在决定货币国际地位的过程中发挥着重要作用。（3）霸权稳定论。由金德尔伯格（Charles P. kindleberger, 1973）最先提出。它是一种以实力为出发点的强权说，强调霸权在地区货币一体化过程中的作用。（4）区域货币合作理论、国际货币体系理论、三元悖论、汇率理论等也是人民币国际化研究的重要理论依据。

其三，货币国际化的比较与启示。一般认为，英镑国际化基于借贷的国际化，美元国际化路径依赖的是全球性汇率协作制度安排，欧元国际化依赖的是区域性制度安排，日元则依赖实体经济发展与金融深化政策。周林、温小郑（2002）对美元、日元国际化，以及部分新兴工业化国家货币的国际化进行了概括。姜波克等（2003）从国际货币职能的角度指出人民币要经历从初步国际化的货币到完全国际化的国际货币再到国际中心货币的漫长演进过程。何帆等（2005）认为货币国际化具有一定惯性特征，新的国际货币将可能从区域经济的一体化中诞生。李晓（2005）指出"日元国际化"的困境反映着当今国际经济体系中"贸易国家"的困境，而中国作为一个新兴的"贸易国家"，在人民币国际化道路上应吸取"日元国际化"的经验教训，走"人民币亚洲化"的道路。刘力臻、徐奇渊等（2006）指出强大的经济实力是货币国际化的基础，发达完善的金融市场是货币国际化的支撑和运行载体，币值高估在货币国际化进程中有着巨大的不利影响，甚至会成为国际货币由盛到衰的转折点。张宇燕、张净春（2008）认为国际体系中的大国关系史也是一部货币主权的斗争和变迁史。在当前美元享有首要国际货币地位的金融体系中，中国经济的快速发展已经与人民币的地位严重不匹配。中国迫切需要建立起人民币的国际货币地位，以保障本国的政治经济利益。

其四，关于区域货币合作与人民币国际化。1999 年，东盟和中日韩（10 + 3）之间正式建立了财长定期会晤机制。中国积极参与了"10 + 3"框架下的财金合作。2000 年 5 月的"10 + 3"财长会通过了"清迈协议"，将东盟之间业已存在的货币互换机制和资本流动监控体系扩展到中国、日本、韩国。2003 年年底的"10 + 3"峰会上，温家宝总理进一步提出推动东亚区域财金合作的三项倡议，即"清迈倡议"多边化、成立区域投资实体和发展亚洲债券市场。自 2001 年以来，中国央行加入了东盟 10 国加中日韩（10 + 3）之间建立的货币互换网络。关于东亚货币合作模式的提议，可归纳为东亚美元本位制、BBC 规则、亚洲汇率机制（AERM）、日元区、亚元等模式。不少观点认为，随着中国逐渐取代美国成为东亚主要"市场提供者"角色，应推行东亚人民币化，包括单边人民币化和双边人民币化。

其五，人民币国际化的有利条件与制约因素。关于货币国际化条件，国际货币基金组织（1946）将其概括为自由兑换性，普遍接受性和稳定性。蒙代尔（2003）认为一国货币要成为国际货币取决于该货币流通或交易区域的规模、货币政策的稳定、没有管制、货币发行国的强大和持久以及货币本身的还原价值。人民币国际化的有利条件可概括为：我国综合国力的不断提高和良好的经济发展前景，内地与港澳地区经济融合的加速以及与台湾地区经济联系的日益紧密，中国与东盟自由贸易区的建立，亚洲区域货币合作的突破性进展等。制约因素包括：美元仍然是东亚地区的主导货币，东亚经济体的金融体系比较脆弱，中国与周边国家和地区之间的互信不足，人民币未实现资本项目可兑换，跨境人民币没有有效的金融投资场所和工具，人民币回流渠道不足等。关于人民币资本项目可兑换与国际化的关系，赵海宽（2003）认为，虽然成熟的国际货币必然是可自由兑换的，但货币国际化的起步阶段并不一定要求完全的自由兑换。丁剑平等指出，没有必要把充分可自由兑换作为起步的前提条件，中国不断扩大的国内市场因素大于不充分可自由兑换的限制因素。

其六，人民币国际化的成本与收益。收益包括：获得国际铸币税，提升人民币的国际地位和在国际金融体系中的话语权，增强货币政策的国际影响力和国际收支调节的主动权，化解高额外汇储备的压力，减少企业汇率风险和汇兑交易费用，扩大金融机构人民币业务的收入，等等。成本在于：加大了宏观调控的难度，增加了维护汇率稳定和作为最后贷款人的压力，面临着"特里芬困境"，承担了更大的投机资本冲击和货币逆转的风险，产生了货币转换成本，等等。

其七，人民币国际化的对策和路径。宗良、李建军（2010）提出了"一个核心，两个发展阶段"的发展路径：一个核心指的是使人民币成为与其经济实力相适应的国际化货币之一，而不是取代美元的国际货币地位。两个发展阶段包括，在 2020 年前后，实现人民币的完全周边化及进入准区域化，使人民币成为周边国家和区域内最主要的结算和投资货币；2030 年前后，彻底实现人民币的国际化，使人民币成为世界经济中最主要的贸易结算、投资和储备货币。王元龙（2009）、唐双宁（2009）等主张"三步走"，即在地域扩张上坚持人民币周边化、人民币区域化、人民币全球化；在货币职能上坚持人民币结算货币、人民币投资货币、人民币储备货币的取向；且各步骤相互衔接、相互交叉。刘力臻、徐奇渊等（2006）提出了人民币、港币、澳门元、新台币的四币整合战略。钟伟（2002）认为人民币资本项目可兑换和人民币国际化进程应合二为一。吴念鲁（2002）建议在国际货币体系改革的大环境中研究人民币逐步实现资本账户自由化，为人民币国际化创造条件。何泽荣（2002）指出了货币国际化的不同途径。总体看，人民币国际化的进程是人民币国际货币职能演进、时间阶段推进和流通范围扩展的三维动态统一，其实质是货币国际化的一般规律与中国国情的有机结合。

其八，人民币国际化的相关管理。李扬（2008）指出，汇率始终是亚洲国家（地区）所面临的主要问题。对于亚洲国家来说，要想从根本上免受汇率问题的无尽折磨，唯一的出路在于效仿欧洲，积极推进亚洲货币一体化进程。无论今后的亚洲经济一体化可能采取怎样的形式，扩大人民币在大中华地区、亚洲地区、乃至全球的使用范围，都是必不可少的一环。姚枝仲（2004）认为，汇率稳定的意义可以从日元国际化的教训中得到明确启示。保持人民币汇率稳定是使人民币成为亚洲地区关键货币的重要战略部署，这将为人民币成为亚洲关键货币创造极为重要的条件。随着人民币国际化，中国会面临较大的外部不对称冲击，应化解"特里芬困境"和解决宏观经济内外均衡问题。

（二）现有研究的启示

总体看，目前系统地研究人民币国际化的文献尚不多见；对相关问题分析的逻辑性不太严密；对人民币国际化的性质认识不清；对不同货币国际化路径的独特性和背后根源缺乏深入考证；忽视了人民币国际化的特殊性，即中国的国情；对人民币国际化的必要性、可行性等分析比较笼统；没有深入地分析人民币国际化不同阶段可能遇到的不同问题，以及相应的顺序安排和选择；缺乏完整地分析人民币国际化的政策支持措施；提出的对策性建议可操作性不强。随着人民币国际化实践的推进，相应的讨论在不断深化。人民币国际化是其自身内在逻辑不断展开并外化为实践的过程。持续的探讨有助于上升为理论并指导实践，实践则在走向成熟的过程中不断为理论的完善提供养料。

三、研究思路与内容结构

（一）研究思路与方法

本书围绕人民币国际化及其相关金融财税政策支持，以经济全球化为背景，以一国在国际分工体系中的地位与该国货币国际化的关系为内在逻辑，从货币国际化的本质出发，将人民币国际化同国家的基本战略问题相结合，从理论基础、国际经验、历史和现实等角度，深入分析人民币国际化的一系列问题，重点回答什么是人民币国际化、为何要推进人民币国际化和如何实现人民币国际化，以及人民币国际化条件下的宏微观经济管理等问题，充分论述人民币国际化的金融财税政策支持的必要性和对策措施。

人民币国际化综合性、交叉性很强，为把握好其全貌和深入剖析其本质，需要用系统论的思想和方法，多角度、多维度地分析。要坚持理论和实践相结合，既要借鉴和遵循已经国际化的货币的发展经验和规律，又要随着人民币国际化进展，及时发现和解决新问题，特别要强调理论的适用性和实践性。坚持普遍性和特殊性相结合，既重视其他国家的经验和教训，也充分考虑我国经济发展和制度背景的特殊性。坚持历史与逻辑相统一的原则，由抽象上升到具体的方法研究，结合定性分析和定量分析手段，揭示货币国际化的一般规律。坚持从一般到具体，从简单到复杂的研究路线，逐步深入地分析人民币国际化涉及的各方面问题。

（二）主要内容与结构安排

本书主要分四个部分。第一部分由第一章的绪论构成，主要分析本课题研究背景和意义，需要研究的主要问题，研究思路和方法等。第二部分由第二章的货币国际化理论与经验，以及第三章的人民币国际化历史回顾与最新进展等构成。重点分析了货币国际化的本质、一般规律和历史逻辑、人民币国际化的历史沿革、现状和最新情况，系统地回答了什么是人民币国际化。第三部分由第四章的人民币国际化的动因和条件等组成。主要分析了为什么需要推进人民币国际化，包括人民币国际化的必要性和意义、基本条件和现实基础、可行性等。第四部分由第五章的人民币国际化战略与路径、第六章的人民币国际化的微观层面金融财税政策支持，以及第七章的人民币国际化的宏观层面金融财税政策支持等构成，主要分析如何推进人民币国际化。其中：第五章选取国际分工视角，重点分析了如何提升中国在国际分工体系中地位，从根本战略上促进人民币国际化。同时，论述了人民币国际化的主要途径，包括：在实体经济层面，建立人民币跨境流通的贸易渠道，直接投资渠道及其相应的人民币回流机制；在虚拟经济和金融层面，促进银行走出去并建立全球的人民币结算、投融资网络；推动人民币金融市场的对外开放，建设上海国际金融中心和中国香港人民币离岸金融中心，成为全球人民币业务的市场提供者。第六章重点分析了金融财税政策支持的必要性，侧重从微观层面，以改进人民币国际化的净收益为逻辑，论述了人民币资本项目可兑换、汇率政策、财政税收政策、政策性金融、国债政策等对人民币国际化的推动作用。第七章侧重从宏观层面，以人民币国际化过程中的国民经济内外均衡为目标，通过政策搭配和协调，完善宏观经济金融调控和金融风险管理，以促进人民币国际化。第五章论述了推进人民币国际化的市场力量，第六、第七章共同完整地论述了人民币国际化的金融财税政策支持，阐述了人民币国际化的政府推动。

（三）创新之处与研究特色

一是本书构建了一个相对完整、逻辑严密的分析框架，系统地论述了什么是人民币国际化、人民币为什么要国际化和人民币如何国际化等问题。二是对人民币国际化的本质与内涵进行了全面梳理，澄清了一些模糊认识和看法。三是构建了完整的人民币国际化收益成本模型，以此更深入地评估人民币国际化的必要性和可行性。四是从国际分工地位的独特视角，更深入地分析了影响人民币国际化的背后决定性因素，更有力地揭示了货币国际化的深层逻辑和运行规律。五是分析了人民币国际化与中国向"市场提供者"角色转变的关系，指出人民币国际化需要中国成为商品和服务市场以及人民币资产市场的提供者，否则人民币输出、回流的基本循环都难以实现。六是从宏微观角度，系统地阐述了人民币国际化与金融财税政策支持之间的关系，提出了相应的对策建议。同时，丰富了国际环境和开放经济下的宏观经济管理理论，较完整地论述了人民币国际化与财政政策之间的逻辑关系。

四、小　结

当前我国面临着人民币走出去更好地服务对外贸易投资、深化对外经济金融交往、扩大改革开放，以及维护国际经济金融稳定发展的历史性机遇。随着中国经济实力的增强和参与国际经济程度的深入，人民币国际化正成为学术界讨论的焦点和实务工作的重点。如何在借鉴现有理论的基础上，走一条适合中国特色的人民币国际化道路，是迫切需要研究的课题。

目前与人民币国际化有关的国内外研究主要有以下方面：人民币国际化的内涵特征、国际化程度的衡量，理论基础，货币国际化的比较，区域货币合作与人民币国际化，人民币国际化的有利条件与制约因素，人民币国际化的收益与成本，人民币国际化的对策与路径，以及人民币国际化的管理等。

本书以经济全球化为背景，以一国在国际分工体系中的地位与该国货币国际化的关系为内在逻辑，从货币国际化的本质出发，以人民币国际化及其相关金融财税政策支持为主题，始终将人民币国际化同国家的基本战略问题相结合，从理论基础、国际经验、历史和现实等角度，深入分析人民币国际化的一系列问题，重点回答什么是人民币国际化、为何要推进人民币国际化和如何实现人民币国际化，以及人民币国际化条件下的宏微观经济管理等问题，充分论述人民币国际化的金融财税政策支持的必要性和对策措施。

第二章 货币国际化的理论与经验

本章主要从理论角度以及历史和国际比较的角度论述货币国际化发展规律，分析国际货币的职能和内在特性，货币国际化的条件和现实基础等，为后面章节的研究提供逻辑框架和理论背景。

一、货币国际化的内涵

（一）对货币国际化与国际货币职能的各种观点

关于什么是货币国际化没有一个明确统一的定义。科恩（Cohen，1971）最早从货币职能的角度定义国际货币，认为国际货币的职能是货币国内职能在国外的扩展。当私人部门和官方机构出于各种目的将一种货币的使用扩展到该货币发行国以外时，该货币就发展到国际货币层次。马克思认为，一般货币具有价值尺度、流通手段、支付手段、贮藏手段等四种职能；而当一国货币跨出国境，在世界范围执行上述职能时，该货币就成为了世界货币。所不同的是，国际货币包括了美元、日元、欧元、英镑、港元、加拿大元、澳大利亚元、南非兰特等；世界货币则专指所有国际货币之中，能够最为充分、全面地行使货币职能的币种，依此原则目前只有美元可称为世界货币。特弗拉斯（Tavlas，1997）认为当一种货币在没有该货币发行国参与的国际交易中充当记账单位、交换媒介和价值贮藏手段时，该货币就已国际化。日本财政部（1999）对日元国际化的描述为：提高海外交易及国际融资中日元使用的比例，提高非居民持有的以日元计价的资产比例特别是提高日元在国际货币制度中的作用以及提高日元在经常交易、资本交易和外汇储备中的地位。蒙代尔（2003）认为，当货币流通范围超出法定的流通区域时，该货币就国际化了。根据国际货币基金组织（IMF）定义，货币国际化是指某国货币超越该国国界，逐渐扩大在世界范围内的自由兑换、交易和流通，最终成为国际货币的过程；国际货币的特性可概括为：（1）自由兑换性，即该货币能及时而方便地被各国政府或居民所买卖兑换；（2）普遍接受性，即该货币在外汇市场上或政府间清算国际收支差额时能被普遍接受；（3）相对稳定性，即该货币的币值能保持相对稳定。

哈特曼（Hartmann，1998）进一步对国际货币的职能进行了归纳，主要包括三个方面：一是交易媒介和干预货币的职能。这里的交易包括商品贸易和资本交易。对于私人部门来说，国际货币主要作为媒介货币而使用；对于官方部门而言，国际货币是进行市场干预实现国际收支平衡的手段。二是计价货币和货币锚的职能。在私人部门的商品和金融交易中，国际货币充当计价货币；当被国家作为官方汇率确定的参照标准，例如其他国家将其本币汇率盯住该国际货币时，这种国际货币就成为货币锚。三是价值贮藏和储备货币的职能。如果国际货币以投资货币的形式出现，作为私人选择金融资产的币种，则成为私人的价值贮藏手段；而对于官方部门来说，如果是持有国际货币本身或以它计价的金融资产，国际货币便执行储备货币的职能。这样，一种国际货币的全部职能对应两个不同部门，产生了六种不同形式：交易媒介和干预货币的职能以及价值贮藏和储备货币的职能，都需要有相应的货币或对应资产参与其中。而对于计价货币和货币锚职能来说，它的实现并不需要真实货币或对应资产，其作用只是提供一个抽象的标准或尺度。国际货币并不必然具备上述三大类、六种表现形式，某些货币可以仅仅具有其中某几类职能。例如，日元是比较重要的国际货币，其主要执行的是价值贮藏和储备货币的职能，其他两项职能体现得并不明显。

克鲁格曼从规模效应的角度出发，指出具有各种职能的国际货币为数很少（甚至唯一），认为表2-1中的各种职能可由不同货币分担。在金本位制下，黄金和英镑曾分担了国际货币的官方职能和民间职能。20世纪70年代中期采用蛇形浮动制时，欧洲各种货币都可相互挂钩，美元则作为储备货币和干预货币使用。实行浮动汇率制后，保值手段逐渐向马克和日元分散，这种状况过去在英镑体制中未曾见到。

表2-1　　　　　　　　　　国际货币的职能

	民间职能	官方职能
交换手段	结算货币、媒介货币	官方结算货币、干预货币
计算单位	账面货币（经常和资本交易）	联系货币、国家基准货币
保值手段	金融交易货币、投资货币	国家储备货币

贞义孝也（2005）认为，货币的三大职能并非相互独立，无论任何一种货币或交易媒介，履行价值贮藏功能就意味着具有购买力。如果货币不具备计价单位职能，它就不能充当交易媒介。百纳赛和库尔、莫容和朔尔（Benassy and Quere，Mojon and Schor，1998）指出，国际货币职能之间存在协同效率，这些协同效应通过以下渠道传递（图2-1）：（1）交易成本。国际货币的交易成本意味着买卖价差，若作为外汇交易媒介的市场大且深，则交易成本变低。货币当局倾向于使用同一种货币进行市场干预。同时，私人投资者也更愿意持有以该种货币计价的外汇资产。（2）证券发行。证券供给取决于其计价功能。如果用某种货币发行证券比较便利，则这种货币交易媒介和投资组合功能容易扩展。（3）政策激励。如果一国大部分的贸易和资本流动以某种货币计价，则该国货币当局更有动力去盯住该货币。（4）政策工具。如果某种国际货币被当做锚货币，该国货币当局就需持有这种货币，通过干预来维持联

系汇率制度。（5）风险。某种货币一旦被充当锚货币，以该种货币计价的贸易和资本流动就会增加，这样外汇风险相对较低。

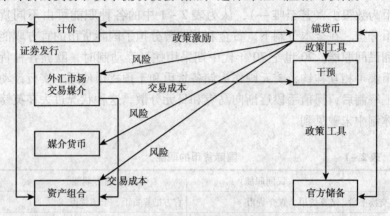

图 2－1　国际货币职能协同效率

（二）简要归纳与评价

综合以上各种观点，货币国际化可定义为，一种货币在国际范围内发挥价值尺度、支付手段、价值贮藏等货币职能，最终成为在国际市场上被广泛接受、持有和使用的过程。人民币国际化是指，人民币跨越国界，在国际贸易投资活动和国际金融市场上被用作计价、结算、融资、投资、储备管理及市场干预等货币的过程，也就是由国内货币走向国际货币的过程。一种货币能否成为国际货币，既取决于该国的货币制度和相关政策，也受国际市场对该货币接受程度的制约。后一个因素实际上是国际市场选择的结果，也与该国的经济实力和在国际经济中地位等因素相关。货币国际化有以下特点：

1. 货币国际化具有职能分工的层次性。

国际货币的职能是货币国内职能的扩展，即在世界范围内发挥价值尺度、流通手段、支付手段和价值贮藏手段等职能。计价单位是支付手段的基础，因为贸易结算通常是以哪种货币计价便以哪种货币支付；流通手段多被支付手段所覆盖；支付手段指该货币具有国际清偿力，用以清偿国际间债权债务，成为国家之间进行官方结算和平衡国际收支差额、不同国家私人部门贸易结算的工具；支付职能侧重交易、流量；贮藏职能侧重持有、存量。货币职能可分私人和官方两个层次，从民间部门的角度看，具备国际贸易计价单位、国际支付手段和价值储藏手段等三项职能的货币就是国际货币；从公共部门看，可以作为其他经济体汇率设定基准、外汇市场干预工具和官方储备等三项功能的货币便是国际货币。

2. 货币国际化具有时间演进的层次性。

一国货币的国际化大致要经过以下阶段：一是初级阶段，该货币在边民互市、边境贸易中作为计价结算的手段，在货币发行国的周边国家和地区使用；该货币应具有价值稳定性，可较便利地成为国际经济交往的计价结算手段。二是中级阶段，该货币扩展到一般贸易中作为计价结算以及债权债务结算清算的手段，流通范围扩展到货币发行国与非邻国之间、第三国之间；该货币在价值稳定性之外还应具备较强的流动性，该货币发行国应能通过适当渠道提供这种流动性。三是高级阶段，该货币扩展作为国际投资、国际借贷、国际储备、市场干预的工具，被相当多的国家接受；该货币应具有保值增值性，以该货币计价结算的金融资产能提供这种保值增值机会，且要有足够大的市场规模。

3. 货币国际化具有时空转化的层次性。

根据流通区域，货币国际化分周边化、区域化和全球化。国际货币有执行部分职能和全部职能的差异，货币在国际化初期，由于在某一职能方面表现突出，因此该职能的发挥首先扩大到原流通版图之外；在国际化鼎盛时期，货币一般都会承担更多甚至全部的货币职能；随着国力的衰弱，原先执行较多职能的国际货币又会失去一些职能而成为执行部分职能的国际货币，甚至可能退出世界货币的舞台。

4. 国际货币职能之间具有相互增强性和相互可分离性。

在国际经济交易中选择国际货币时，一般认为货币作为交易媒介的功能比其作为价值贮藏手段的功能更重要。在国际市场上货币的交易职能和价值贮藏职能发生着分化。出于节约成本的考虑，交易手段的职能由越来越少的货币执行；出于分散风险的考虑，执行价值贮藏职能的货币却越来越趋向多样化。

5. 货币国际化是一个长期而复杂的发展过程。

货币国际化不可能直线式发展，其间可能出现起伏、停滞甚至后退。由于国家特征和面临的外部经济环境的差异，导致迈向国际货币的进程有多种道路可供选择。除所有货币职能同步推进国际化外，一国可以选择对公共部门的货币职能优先国际化或对私人部门的货币职能优先国际化，还可以对货币不同职能的国际化程度和顺序进行设计，以符合本国经济目标。

二、货币国际化的相关理论

（一）最优通货区理论

最优货币区是指一种"最优"的地理区域，在这个区域内一般的支付手段是一种单一共同货币，或者是几种货币之间具有无限的可兑换性，其汇率在进行经常性交易和资本交易时互相盯住，保持不变；区域内与区域外国家之间的汇率保持浮动。"最优"根据同时维持内部和外部均衡的宏观经济目标来定义，包括内部的通胀和失业之间是最佳平衡，以及区域内部和外部的国际收支平衡。在最佳的通货膨胀和失业的替代组合点上，实现宏观经济的对内平衡，对外平衡则是国际收支平衡。一个货币区内，如果放弃各自货币和汇率政策的成员国，在维持对外平衡的同时，不会产生对内的通货膨胀或失业问题，这样的货币区便为最优。即如果一个货币区的成员国在面临冲击造成的外部不平衡时，货币区有充分及时的调节机制，使成员国不必依赖于货币区内部汇率变动就能恢复各自的内外均衡，由这些国家组成的货币区就是一个最优货币区。

蒙代尔主张用生产要素的高度流动性作为确定最优货币区的标准；麦金农（Ronald I. Mckinnon，1963）、比得·凯南（Kenen）、詹姆斯·伊格拉姆（James Ingram）、托尔和威莱特（Tower、Willet，1976）、G. 哈伯勒（G. Harberler）、弗莱明（J. M. Fleming）分别提出了从低程度多样性、国际金融一体化程度、政策一体化以及通货膨胀的相似性作为确定最优通货区的标准。进入 20 世纪 70 年代后，格鲁博（Gmbel，1970）、戈登（Gorden，1972）、石山（Ishiya，1975）、滨田宏一（Hamada，1985）、雷曼（S. S. Rehman，1997）、克鲁格曼、奥博斯菲尔德（Kmgman、obstfeld，1998）等对加入货币区的收益成本用"GG—LL"模型表示，使该理论更趋成熟。

（二）"一个市场、一种货币"理论

货币在其自然演进进程中，由私人货币逐步走向国家货币。在货币史上，"一个国家，一种货币"的模式被称为"威斯特伐利亚模式"，即一国领土空间范围与其货币版图重合。货币国际化现象则是对这种模式的颠覆。近现代，英镑和美元相继成为国际货币，一国货币的空间范围超越了本国领土疆界，而在领土范围之外发挥货币职能。第二次世界大战后，世界经济格局发生了巨大变化，美国成为世界经济引擎，美元成为国际货币金字塔顶尖的货币，英镑、日元、德国马克处在金字塔的不同位置。处于较高层次的，表明国际化程度较高，处于底层的货币表明货币国际化程度较低。近几十年来，随着经济一体化程度的加深、经济全球化范围的扩大，全球货币金字塔也在发生变化。20 世纪 80 年代初期，随着欧洲货币一体化进程的加快，区域货币一体化理论也有了新进展。此时的研究方向由以前的"确立一个给定货币的最优地理流通空间"转为"为一个几乎给定的地理区域设计一个最优的货币"。由此以爱默生和格罗斯（M. Emerson and D. Gros，1992）的"一个市场、一种货币"为代表产生了欧盟经济学。爱默生和格罗斯认为，货币选择根本上应由市场状况，尤其是市场需求来决定，具体的货币空间由实际的货币交易网络来划分，每个货币的空间就是其功能性权威的影响范围，即"货币圈"（完整市场在货币层面的响应）。货币作为一种交换工具和价值工具，开始真正服务于市场，无论该市场有多大，涉及多少个国家，只要是一个统一的大市场，那么单一货币就是最优选择。

（三）国际贸易中标价货币使用的理论

在国际贸易中，出口商对计价货币选择通常有以下情况：使用本国货币计价（生产者货币计价 producer's currency pricing，PCP）、目标国货币计价（当地货币计价 local currency pricing，LCP）、第三国货币计价（媒介货币计价 vehicle currency pricing，VCP）以及前述三种情况的综合使用。在布雷顿森林体系下，国际贸易的汇率风险很低，对计价货币的选择不太重视。各国货币与美元挂钩、美元与黄金挂钩的制度安排，使得美元在国际贸易的计价货币中占有绝对优势。布雷顿森林体系崩溃后，国际贸易面临汇率波动带来的风险，研究者致力于研究影响计价货币选择的因素，以及如何通过计价货币的选择来化解汇率风险等问题。国际贸易中不同币种的选择决定了是出口商还是进口商处于汇率风险敞口，以及由汇率波动引致的对不同国家货物的需求转移。

1. 传统的计价货币选择理论。

（1）Swoboda 假说：根据不同货币的交易成本选择计价货币。从长期看，选择一种货币作为计价货币，可以减少交易成本。斯沃本德（Swoboda，1968、1969）认为那些交易成本低廉的货币将成为贸易的交易媒介，原因之一是其低廉的交易成本反映出此类货币在外汇市场上具有高度的流动性。麦金农（1979）从行业特性的角度，克鲁格曼（1980）从货币选择惯性的角度，科恩（1998）、哈特曼（1998）从货币交易量的角度，分析了交易成本在计价货币选择中的重要性。

（2）Grassman 法则：根据不同的贸易对象国选择计价货币。格莱斯曼（Grassman，1973、1976）在研究瑞典和丹麦贸易计价货币使用时发现，两国都倾向于使用生产者的货币作为贸易的计价货币，特别是涉及制造业时，工业国家的出口商在国际贸易中最喜欢的计价货币是本国货币。对于工业国家之间的工业制成品贸易，贸易合约的大部分以出口国的货币计价，剩余部分合约主要以进口国的货币计价，而很少以第三国货币计价。这种现象被称为 Grassman 法则。裴基（Page，1977）等分别对日本、德国、英国、荷兰等发达国家的计价货币进行了研究，验证了 Grassman 法则。

（3）McKinnon 假说：根据不同的贸易商品选择计价货币。麦金农（1979）将具有价格支配能力的异质化商品称为 I 类贸易商品（Tradables I），该商品的出口商议价能力强，通常以出口国货币计价；原油等初级产品不具有价格支配能力的同质化商品被称为 II 类贸易商品（Tradables II），在国际商品市场中，这类商品的交易多以美元计价。McKinnon 假说的核心思想是，机械产品等异质化商品贸易时，主要以出口国货币计价；初级产品等同质化商品用美元或其他世界货币计价。戈登博格和泰尔（Goldberg and Tille，2005、2008）利用 24 个国家计价货币的面板数据进行实证分析，结果表明同质商品占出口商品的比重越大，用美元计价的比例越高。

2. 微观企业决策模型。

（1）预期利润最大化模型。不少文献从微观角度研究了计价货币选择问题。这些理论以厂商利润最大化为目标，寻求局部均衡。理论模型一般假设汇率、成本函数、需求函数外生，重点讨论需求和成本函数的弹性对计价货币选择的影响。巴伦（Baron，1976）以垄断出口商面对线性需求方程为例，研究了出口厂商的计价货币选择问题。吉温尼（Giovannini，1988）通过增加东道国市场，考虑一般需求和成本方程，从而拓展了巴伦的分析。研究发现，企业利润函数、需求函数和成本函数的不同均影响到计价货币的选择。企业出口商品的异质性大、竞争力强则产品需求的价格弹性小，该产品的出口就可以选择本币计价；反之，则选择出口对象国货币计价。这是对 McKinnon 假说很好的理论阐析。杜伦夫特和瑞恰（Donnenfeld and Zilcha，1991）提出了计价货币选择的经典模型。研究结果表明，若出口需求函数的弹性不大，由于汇率的不稳定性造成的国外市场价格的波动越大，带来的预期利润就越低，这样固定国外价格的外币结算相对于本币结算就是一个优势策略，反之亦然。

（2）讨价还价模型与实证分析。比尔森（Bilson，1983）发展了一种出口商与进口商在价格和计价货币选择方面的双边讨价还价模型，集中关注了贸易双方接受以出口方货币计价的激励机制。沃勒和沃瑞斯（Viaene and de Vries，1992）发现出口国的货币优势可能是由出口公司的先发优势造成的，也可能由面临广泛需求且没有太多竞争对手的垄断出口力量造成。戈登博格和泰尔（2009）通过使用出口商和进口商讨价还价的博弈模型对币种选择进行建模，研究表明，币种的选择将出口商获得的剩余部分转移给进口商，这种转移的程度直接反映了双方的谈判力度；对于大额交易来说，贸易结算将更倾向于以进口国货币标价。

（3）市场份额模型与实证分析。巴克切塔和威因科普（Bacchetta and Wincoop，2005）认为，出口国商品在国际市场的比重越大，出口商就越能在国际贸易谈判中选择对自身有利的币种进行结算。哈特曼（1998）、富库达和欧恩（Fukuda and Ono，2006）的研究表明，出口国经济体越大，出口商在海外市场越有影响力。这不仅增加了出口商的垄断势力，还影响到进口商对于出口国货币的接受程度，而且一国经济体的大小往往与其货币国际化程度成正比。

3. 宏观经济冲击模型。

（1）货币供给冲击模型。吉温尼（1988）是第一个系统研究宏观经济波动如何影响生产者利润最大化及计价货币选择的文献。麦格和罗欧（Magee and Rao，1980）按照通货膨胀的高低区分了强势及弱势货币，在低通胀的工业国家和高通胀的发展中国家的贸易中，低通胀工业国家的货币占主导地位。特弗拉斯（1997）认为，货币具有价值贮藏功能，从而低通货膨胀率和汇率波动率的货币将作为计价货币的首选。德芙瑞斯和恩格尔（Devereux and Engel，2001）建立了一个动态一般均衡模型，涵盖了本国和外国货币供给之间的不确定性，研究发现，无论是本国还是外国厂商，都选择货币供给变化小的国家的货币作为计价货币。威伦得（Wilander，2004）发现在一个稳定金融市场，不存在资本控制和黑市的条件下，低通货膨胀会促进本币定价。塞尔（Silva，2004）的研究也表明货币竞争力的加强、金融市场的深度以及高通胀趋势的消失会加强该国货币的使用。

（2）汇率波动模型与实证分析。巴克切塔和威因科普（2002）通过局部均衡和一般均衡分析，认为哪种货币与贸易伙伴国货币的汇率变化更小，则该货币将被选择充当计价货币。杜伦夫特和霍格（Donnenfeld and Haug，2003）的实证结果表明，LCP 和汇率波动的正向关系，且在产品不够差异化的情况下，高汇率风险会导致出口企业 LCP 的选择。

4. 简要评价。

需求因素在决定哪种货币被运用中发挥着重要作用，因为没有超国家的权力能够强迫用一种单一货币，这些问题是在市场上由所有国家的公共和私人代理人的决策及行动所决定的。综合前述文献，国际贸易中企业计价货币选择的微观和宏观影响因素如表 2-2 所示。总的看来，在货币国际化的条件下，出口企业计价方式的选择与贸易国通货膨胀率、发达程度和产业类型等宏观经济因素相关，同时也与出口市场份额、国际竞争压力和产品差异化程度等微观因素相关。选择正确的计价方式可以改善出口国贸易条件，提高出口国的福利水平。

表 2 - 2 　　　　　　国际贸易计价货币选择的影响因素

序号	影响因素	文　献
1	货币的交易成本	Swoboda（1968，1969）、McKinnon（1979）、Krugman（1980）、Cohen（1998）、Hartmann（1998）、Rey（2001）
2	贸易对象国	Grassman（1973，1976）、Magee（1974）、Page（1977）
3	产品的需求价格弹性	McKinnon（1979），Goldberg and Tille（2005，2008）、Bacchetta and Wincoop（2005）
4	预期利润	Giovannini（1988）、Donnenfeld and Zilcha（1991）、Johnson and Pick（1997）、Friberg（1998）、Bacchetta and Wincoop（2002）
5	讨价还价能力	Bilson，1983；Viaene and de Vries，1992；Saeed Samiee and Patrik Anckar，1998；Goldberg and Tille，2009
6	出口市场竞争情况	Saeed Samiee and Patrik Anckar（1998）
7	公司规模	Donnenfeld and Haug（2003）
8	产品市场占有率	Bacchetta and Wincoop（2005）、Goldberg and Tille（2009）
9	通货膨胀高低	Magee and Rao（1980）、Tavlas（1997）、Wilander（2004）、Silva（2004）、Kamps（2006）
10	货币供给波动大小	Devereux and Engel（2001）、Bacchetta and Wincoop（2002）、Devereux，Engel and Storegaard（2004）
11	汇率波动程度	Johnson and Pick（1997）、Friberg（1998）、Bacchetta and Wincoop（2002）、Donnenfeld and Haug（2003）、Silva（2004）、Kamps（2006）、Wilander（2004）、Ligthart and da Silva（2007）、Goldberg and Tille（2009）、Kamps（2006）
12	经济总量大小	Hartmann（1998），Fukuda and Ono（2006）、Wilander（2004）、Silva（2004）、Bacchetta and Wincoop（2002）

（四）货币国际化的网络理论

将网络理论与货币国际化理论相联系，主要原因在于货币系统的公共要素是支付系统，而支付系统又采取网络的形式，因此可将网络理论作为分析国际货币体系的工具。首先，货币国际化过程本身具有三级结构，第一级，国家货币国际化是一种公共选择的结果，公共信息是货币国际化过程的自我实现；第二级，自然垄断是货币国际化过程的自我强化；第三级，货币被普遍接受，成为集体物品，这是货币国际化过程的延续。该三级结构是国际货币网络产生的基础。一个网络具有的典型特征就是由基础设施、中间控制和命令服务、最终服务组成的相互依赖的组织。将网络的三个组成部分与货币三级结构联系起来分析，可得出如下结论：在国际货币网络中，基础设施实际上是支付系统、货币市场、资本市场等；中间控制和命令服务与有益于系统的管理、稳定性和信任度的因素相联系；最终服务相当于各种银行和个人实际上可获得的便利交易、投机、套期保值和储蓄活动的工具。其次，为解决货币国际化进程中所遇到的国际货币职能集中或分散这一问题，需要从不同类型的交易费用以及明确每一种交易费用相关的外部效果的性质入手：（1）与基础设施和最终服务相联系的交易费用涉及对流动性的考虑。市场越深，真正的造市者越多，在既定条件下价格变动也就越小。这种流动性具有一种通过网络与基础设施紧密联系的价格。除流动性外，与基础设施自身相关的因素有：进入市场的固定费用和可变费用，二级市场以及金融产品的范围等。（2）与中间控制和命令服务操作联系的费用包括使用一种货币和使用一个货币网络的信息成本。使用一种货币要获得一定的信息量，尤其是获得与货币发行国的货币当局所采纳汇率和利率政策相关的知识和理解力。正是这种自身具有成本的信息才在很大程度上决定货币职能的集中或分散程度。

托宾（James Tobin，1958）认为货币是一种集体物品，使用同一种集体物品的人数越多，则货币给个人带来的效用就越大。在这点上货币的效用类似于语言的效用，一种共同的语言，如果它能够被许多人使用，就是有用的。当使用它的人口日益增多时，它就会成为更有用的交流工具。货币也一样如此。

用于交易媒介的货币应该是那些与低交易成本相关的货币。货币国际化产生于规模经济或减少的交易成本，当各国货币不统一时，会有较高的搜寻成本，效率低下，而当国家间使用一种或少数几种货币时，交易成本也随之降低。通过单一货币进行的交易量越大，收集的信息和将一种货币兑换成另一种货币的成本就越小。货币国际化还受到跨境交易活动形成的广泛交易网络（网络外部性）的影响。任何一个人对某种货币的持有依赖于其他人愿意接受这种货币进行支付。一种货币被接受的范围越广，使用和持有该货币的价值就越高。也就是货币创造了一种正的网络外部性。

（五）货币替代理论

货币替代是指在开放经济条件下，一国市场上存在多种可兑换货币的流通，由于本国出现严重的通货膨胀或货币贬值，削弱了居民对本国货币的信心；或者基于机会成本或相对收益率的比较，本国居民减少持有相对价值较低的本币，增加持有价值相对较高的外国货币。于是，外国货币便作为国内的价值储藏手段或交易媒介而逐步替代了本国货币。与"格雷欣法则"相反的是，货币替代更普遍地反映了良币驱逐劣币的现象，而不是劣币驱逐良币。麦金农（1985）进一步把货币替代分为直接货币替代与间接货币替代。所谓直接货币替代是指在同样的商品范围内，两种（或更多）货币作为支付手段的竞争，存在一种货币替代另一种货币的强烈倾向。所谓间接货币替代是指投资者根据对不同货币汇率预期的变化，在不同货币计价的非货币金融资产之间不断转换，从而间接影响了国内交易货币需求。一般认为，货币替代的决定因素主要为规模因素、制度因素、收益率因素、汇率因素、市场因素、政治及经济风险因素等六类因素。

三、货币国际化的经验与启示

（一）货币国际化的经验

1. 英镑的国际化。

1816 年英国颁布《金本位制法》（The Act of Gold Standard），并于 1821 年正式实行。之后，欧美等主要资本主义国家纷纷效仿，自由铸造金币、自由兑换金币和银行券、多边结算，黄金可以在国境间自由输出入。1867 年，在巴黎国际金融会议之后，国内金本位制确立进而演变成为国际金本位制。英格兰银行通过当时广为流行的以英镑标明面值的票据贴现的方式来控制国际汇兑，由于英镑利率由英格兰银行控制，因而事实上黄金的输送点也在其影响之下。正是黄金的国际运动和其与英镑的联系使英镑国际化成为可能。在国际贸易中，所有国家都使用英镑汇票来完成支付交易，英镑汇票就被应用于世界范围内的贸易，成了替代货币，所有国家为了顺利完成国际支付都必须保有足够的英镑余额。同时，英国提供对外长期贷款，在别国发生外汇危机时充当最后贷款人。英镑在国际范围内成为黄金的替代物，因为可以自由兑换和产生利息，其受欢迎程度更高于黄金。英镑的信用吸引了国际资金大规模地流入伦敦，从而使英格兰银行的利率调整对世界资金的流动产生了很大影响。在该时期，为保持英镑的流动性，英国的贸易收支一直保持赤字，而运输、保险、金融服务等非贸易收支则保持较大余额，导致经常项目总体盈余。英国政府又将经常项目的盈余以长期资本的形式对外投资，进一步推动了英镑在全球的使用，还避免了国际收支失衡带来的黄金巨额流动。然而，1873～1896 年大萧条时英镑的地位受到影响，其他国家货币如德国马克开始向英镑的特权发起挑战。第一次世界大战爆发则直接导致了金本位制的崩溃，同时也导致英镑的国际地位走向衰弱。战争耗费了英国国民财富的1/3，军费开支约达100亿英镑，削弱了英国实力。虽然战后英国在1925年重新恢复金本位制，但是由于英镑高估造成国际收支困难和黄金进一步流失，加上国内严重的通货膨胀和失业，英镑在国际贸易中的竞争力进一步下降。1929～1931年的世界性经济危机使英国的贸易收入锐减，对外投资又无法收回，国际收支严重恶化，外国持币者信心消失殆尽。1931年奥地利和德国的挤兑又波及英国金融市场，仅7月和8月间，外国投资者就从英国提取了相当于2.3亿英镑的黄金，导致英国被迫宣布停止银行券对黄金的兑换，同年9月21日，英国宣布放弃金本位制，禁止黄金出口，实行英镑贬值，从而在国际上揭开了货币战的序幕。英国组织了"英镑集团"，紧接着"美元集团"、"法郎集团"相继成立，国际货币体系进入"三币鼎立"阶段，标志以英镑为主宰年代的结束。第二次世界大战结束后，英国蜕变成为资本主义世界的二流国家。虽然伦敦依旧是世界上最重要的国际金融中心，但即便是英联邦国家也减少了对英镑的依赖，其流通区域大为减小。到了20世纪50年代中期，英镑基本退回到国内流通。70年代布雷顿森林体系崩溃后，英镑又重新进入国际货币体系，成为主要的国际货币，但是其地位不仅远远低于美元，也不及日元和德国马克。

2. 美元的国际化。

19世纪末，美国已逐步成为世界性的经济大国，但美元始终没有取代英镑的地位。两次世界大战期间，美国积累了巨额的财富，美元的国际地位随之不断上升，几乎可以与黄金媲美。1944年布雷顿森林体系的确立，把美元国际化推上了一种国别货币国际化所能达到的最高层次。美元顺理成章地获得了国际货币的地位，彻底取代了黄金成为国际支付、资本流动和国际储备的主要手段，美国在世界经济中的地位更胜于当年的英国，其对外贸易占全世界的1/3，黄金储备占2/3以上，70%以上的世界贸易采用美元计价和结算。

20 世纪 50 年代初，美国的通货膨胀相对稳定，同时也保持着较高的经常项目盈余，这些都支持着其他国家对美元的信心以及固定汇率体系的稳定。同当初英国的做法类似，美国通过无偿援助和贷款（以马歇尔计划为代表）的形式向其他国家提供美元的流动性和支付能力，有效缓解了第二次世界大战后初期的美元荒局面。但是随着其他发达国家经济的逐渐恢复和美元资产的大量积累，以及 50 年代由于美国不断对外进行军事、经济扩张，导致美元大量外流，60 年代开始出现了美元灾现象，美元购买力不断下降，人们对美元的兑换能力开始产生怀疑。尽管美国为了维持美元——黄金平价做出了巨大努力，但越南战争带来的巨额贸易赤字、财政赤字和国内通货膨胀，尼克松政府被迫在 1971 年 8 月 15 日宣布停止美元与黄金的兑换关系。同年 12 月 18 日，"十国集团" 又达成一项妥协方案——《史密斯协定》（Smithsonian Agreement），勉强维持了布雷顿森林体系下的盯住汇率制。但是这一协定完全是国际货币制度危机中的一种应急措施，没有建立新的制度框架。当 1973 年外汇市场上投机供给再度发起的时候，各主要国家的货币相继采取浮动汇率制度，布雷顿森林体系宣告崩溃，标志着美元国际化作为一项具有 "国际法" 意义的制度安排被撤除，其影响一直延续到今天。

近年来，全球经济结构失衡日益严重和国际货币体系弊端更加明显，本次国际金融危机反映了美元主导国际货币格局的问题，但在短期内依旧很难出现可以和美元相抗衡的货币。这是因为美元依旧是外汇现期和远期交易市场上主要的交易媒介，不仅私人部门在离岸金融中心拥有大量的美元存款，政府的官方储备也主要由美元构成，国际贸易中特别是初级产品贸易主要以美元支付，国际金融市场上发行的公司债和国家债也大多以美元计价。

3. 德国马克的国际化。

第二次世界大战结束后，联邦德国的经济恢复很快，发展速度超过英美和所有西欧国家，基本处于 4% ~5% 之间。对外贸易得到迅速发展，出口竞争力很强，使马克具备了对美元、英镑的升值条件。加上联邦德国早在 1956 年就实现了贸易自由化和资本自由化，使得马克具备了良好的国际化基础。作为中央银行的德意志联邦银行在制定、实施货币政策及行使法定职权方面所具有的高度独立性则是马克国际化成功的关键因素。联邦德国中央银行以稳定币值为最高目标，马克超过了以稳健著称的瑞士法郎，成为最坚挺的货币，跻身于国际货币的舞台。在法郎、美元、英镑等货币波动的时候，德国马克成为人们抢购的对象，对国际金融市场的影响与日俱增。马克的重要性在于其内在价值的稳定性，一度成为世界上仅次于美元的第二大国际货币。

4. 欧元的国际化。

欧元是欧洲经济一体化的产物，在诞生之前，先后经过维尔纳计划、德洛尔报告、欧洲联盟条约等重大措施的推动。1999 年 1 月 1 日欧元正式启动，2002 年 1 月 1 日欧元进入流通领域，迅速取代了区域内流通的 12 种货币，成为区域内唯一合法货币。欧元是自布雷顿森林体系解体以来，世界货币结构的重大变革。目前，还不断有国家在尽力达到加入欧元区的条件，以期尽快在国内用欧元取代本国货币。伴随欧元汇率的日趋坚挺，欧元在国际货币基金组织成员国持有的外汇储备货币构成中，仅次于美元处在第二位。欧元的国际化程度，取决于欧洲联盟能否从一个相对封闭的区域经济一体化组织走向开放，在经济全球化中吸纳更多的第三国的商品和劳务，成为各国经济发展的重要推动和影响因素。欧元国际化目前主要是欧元的区域化，欧元的国际化仅限于它成为国际经济交往中的一个重要货币，不会取代美元的地位，只是改变国际经济交往中所使用的货币结构，欧元要成为真正意义上的国际货币，则需要经济的开放和第三国对欧盟经济依赖性的增强。

5. 日元的国际化。

第二次世界大战结束到 20 世纪 70 年代，日本金融严格管制，谈不上日元的国际化。随着日本经济在世界经济中比重的增加，日元作为国际货币的市场需求不断增大，但该时期如何避免日元升值、扩大对外贸易规模是日本政府的主要考量，日元是否国际化并非急待解决的问题。1980 年 12 月，日本政府出台《外汇法》，实现日元可兑换，从此揭开了日元国际化的新篇章。随着日本金融自由化改革的逐步加快，日元国际化进入了相对较快发展阶段。但这一时期的日元国际化基本上是在美国压力下进行的，总体上日本政府态度中立。1997 年亚洲金融危机和欧元的启动，日本政府产生了强烈的危机感，日元国际化战略发生重大转变，重点推动日元亚洲化，同时通过具体措施注重完善国内金融资本市场，进行金融改革。

6. 澳大利亚元的国际化。

随着西方国家 20 世纪 80 年代自由化思潮的掀起，澳大利亚中央银行也开始逐步放松管制，推动澳大利亚元可自由兑换，实行可自由浮动的汇率制。澳大利亚元国际化的成果体现在：一是形成了完全国际化的澳大利亚元债券市场。建立健全国内固定收益市场，推出高信用等级的澳大利亚元债券产品，大力发展货币互换市场，将国内外市场连接起来，提供较高的投资收益率。二是废除各种管制，实现资金在境内外自由流动。澳大利亚在 1980 年前属于发达国家中金融管制较严的国家之一。从 1983 年 12 月 12 日开始，澳大利亚取消了澳大利亚元盯住一篮子贸易加权货币的爬行盯住汇率制，放开澳大利亚元官方定价，实行自由浮动；同时取消对金融市场、银行数量、资本流动等方面的限制，并允许资金在境内外自由流动。该举措成为澳大利亚金融自由化的里程碑，使澳大利亚元一跃成为世界上交易最活跃的货币之一，加速了澳大利亚金融市场的国际化进程。三是澳大利亚元成为国际金融交易中的重要货币。澳大利亚元在全球金融市场上地位逐步攀升，取代了瑞士法郎成为按交易量计算的世界第五大货币。

7. 印度卢比曾经的区域化。

从历史上看，印度卢比曾经是一种重要的区域化货币。在整个

20 世纪上半叶，印度卢比在印度次大陆、波斯湾、东部非洲、阿拉伯半岛的广泛国家和地区得到使用。当时，在阿曼、科威特、巴林、卡塔尔、特鲁西尔酋长国（即今天的阿拉伯联合酋长国）、肯尼亚、乌干达、毛里求斯等国，印度卢比享有官方货币的地位。这主要与印度在当时英帝国殖民体系中的重要地位、印度卢比与英镑之间长期实行固定汇率制度以及印度在区域贸易中长期形成的历史地位有关。从 17 世纪开始，大英帝国逐步在全世界范围内建立起庞大的殖民地体系。其中，印度因其人口众多、幅员辽阔、物产丰富、地理位置重要而在英帝国整个东方殖民体系中居于核心地位，被称为"英王皇冠上闪亮的明珠"。鉴于印度在整个英帝国殖民体系中的重要地位，印度卢比与英镑之间长期实行固定汇率制度。印度卢比长期实施银本位制度。进入 19 世纪中期以后，英镑逐步采用了金本位制度。随着这段时间世界范围银矿的大量开采，银价大幅度下跌，导致了印度卢比贬值。1898 年，英属印度政府宣布将印度卢比与英镑之间的汇率固定为 1 卢比兑换 16 便士。这是印度卢比与英镑之间正式的固定汇率制度的开始，并持续近 70 年，直到印度独立约 20 年之后的 1966 年（印度于 1947 年宣布独立）才宣告结束。到 1966 年印度卢比与英镑脱钩时，汇率为 1 卢比兑换 11.4 便士。与 70 年前相比，卢比的名义汇率仅贬值 28.75%。

（二）几点启示

通过对货币国际化的比较研究，可以从历史中找出发展规律和运行逻辑，吸取他国本币国际化的经验和教训，趋利避害，减少人民币国际化过程中的风险，使人民币国际化能够有计划、有步骤地进行。货币国际化在一般规律与各国国情、市场演进与政府推动、微观推进与宏观管理、单个行动与国际协调、整个生命周期与不同发展阶段等方面都体现了鲜明特点。

1. 经济实力是货币国际化进程的最基本决定因素。

只有具有强大经济实力的国家才能为本国货币提供坚实的经济

基础和广阔的活动基地，才能拥有巨大的贸易容量和资本市场，为本国企业提供利用本币进行贸易投资活动的充分空间，而且还不易受外部冲击的影响；一国经济实力决定了对该国货币的需求。经济实力越强，他国对该国货币就越有信心，相应的货币需求就越大，带动货币国际化程度的提高。历史上往往是经济实力最强大的国家使该国货币成为各国贸易结算的常用货币，其他国家出于国际贸易和外汇储备的需要，不得不大量持有该国货币。英镑在第二次世界大战前上百年时间里一直稳居最主要的国际货币，主要是当时英国是世界上头号经济强国。美国经济实力变化与美元地位变化基本一致，经济实力决定美元地位的变化方向。欧元的诞生使美元遇到了强大的竞争对手。欧元背后的经济体是 11 个欧洲国家组成的经济货币联盟，从经济实力、经济规模来说，欧元区是目前唯一可与美国相提并论的经济体。当然，经济优势地位并不是经济规模和国内生产总值的数字显现，而是该国经济生活的综合评价。不仅要看经济体目前的经济实力，还要看其未来的增长趋势和可持续性。

2. 货币国际化程度取决于该国在国际分工体系中的地位。

第二次世界大战结束后，美元以外的货币国际化都不同程度上受制于全球美元体制的外部约束，美国成为全球最终产品市场提供者并控制金融，其他国家主要从事生产的国际分工格局一直维持。英国当初在工业革命中的强势地位，有力促进了英镑国际化。而日本除自身国家规模限制外，其贸易结构即进口原材料并出口工业品，使得它难以像美国一样为东亚国家的出口提供一个大市场，这明显制约了日元的国际化。中国则应利用自身的巨大市场规模以及未来的增长趋势，扩大人民币在与周边各国、各地区贸易中作为结算货币的使用，逐步实现人民币国际化。

3. 货币国际化程度与该国在国际贸易中重要性有更直接的联系。

一国贸易规模越大，在交易中就越有可能使用该国货币。发达国家之间的制成品贸易中，开具发票时大多使用出口国货币；而发达国家与欠发达国家之间的贸易大多使用发达国家货币计价，尽管也经常使用美元。在初级产品贸易和金融投资交易中一般用美元计价，而在差异性制成品的贸易中，开具发票时大多使用出口国货币。原因在于，在选择计价货币时，进出口商都希望尽可能减少总利润的变动幅度。具有差异的制成品由那些具有某种程度垄断地位的制造商提供，这些产品的出口商比进口商拥有更强的市场实力，出口商通常处在一个有利地位，能够通过以本币计价来防范汇率变化风险。从历史看，一国货币的国际化往往对应于该国成为国际贸易中心，如 12 世纪的意大利是当时的国际贸易中心，意大利的银行家就为贸易商提供当时的国际货币萨达克托；17 世纪，随着贸易向欧洲北部转移，阿姆斯特丹银行的荷兰盾就成为西方国家最广泛使用的贸易支付手段；19 世纪后，英国、美国、日本的货币国际化也都紧密伴随着贸易扩张的过程。

4. 货币国际化需要一个具有相当广度、深度的全球金融市场和国际金融中心作为重要支撑。

国际货币的调换渠道依赖于金融机构的高效运作和既有宽度又有广度的金融市场。国际货币所执行的交易媒介等职能需要通过发行国银行体系所提供的存贷款、结算和支付服务来完成。在海外拥有发达的金融机构网络，有利于国际货币的存放和转换，而且还可以促进以本币进行的国际贸易和投资，推动本币国际地位的提高。何帆、李婧（2005）指出，美元之所以能在国际货币体系中占据主导地位，以美元为载体的资本市场和银行体系的运行在美元国际化过程中起到重要作用。如果没有发达和健康的金融市场、银行体系，再好的机遇也难打造美元的国际货币角色。美国开放的金融市场、发达的基础设施、稳健和发达的银行体系，都给美元扮演国际货币角色提供了一个良好的舞台。由于美国的金融市场甚至超过伦敦的金融市场，美国能够提供给世界投资者最广泛和安全的选择。大量资金的流入和流出也促进了美国金融市场的建设和全球金融市场的一体化，美国金融市场吸纳化解风险的能力逐步增强。由此，美元的国际化角色越来越牢固。在日本政府为提升日元地位而采取的措施中，放开欧洲日元市场和建立东京离岸金融市场是重要步骤。事实上，美元、欧元、英镑和日元的国际货币地位正是以纽约、法兰克福、伦敦、东京等最重要的国际金融中心为后盾。

5. 货币价值的稳定直接影响到货币信誉和持币信心。

货币价值的稳定，既包括对内购买力的稳定，也包括对外价值即汇率的相对稳定。作为货币目标，只有币值稳定，一国货币才有成为被他国盯住货币的可能性，盯住该国货币才有助于增强盯住国货币的信誉和稳定性，起到稳定盯住国贸易和投资，促进其经济发展的目的。从储备职能看，一国货币越稳定，持有该货币的风险越小，各国就越愿意将其作为储备货币；作为交易手段，在国际交易中使用币值稳定的货币，既可减少货币持有人风险，避免投资人的资本损失，也可减少人们获取和传递信息的时间、费用，以及由于市场行情不确定性增加的交易成本。进出口商在选择贸易结算货币时，也愿意选择币值稳定的货币，有利于成本与收益的核算，减少了外汇风险和套期保值成本。被用于金融资产标价的投资货币，或被非居民持有、在货币发行国以外流通使用的替代货币，都需要币值稳定的特性。19 世纪的英镑是一种特别坚挺的货币，第一次世界大战期间英镑出现了严重的通货膨胀，英镑的价值迅速贬低。为保住英国的国际货币地位，战后英国恢复金本位制，以遏制美元的上升势头。但英国实行的是金块本位制，纸币虽可以兑换黄金，但必须积累到大额数量才能兑换金锭，这种跛行的金本位制使币值稳定大打折扣，而且由于严重的通货膨胀，恢复战前的金平价，已明显高估英镑的价值。从 20 世纪 40 年代末开始，英镑对外汇率出现大幅波动。同期，美元的稳定性明显超过英镑。美国从 19 世纪 70 年代末开始酝酿建立金本位，于 1900 年通过金本位法案，正式实行金本位，美元汇率一直处于升值的势头。1929 年美国爆发严重的经济危机，美元的黄金价值降低，美国主动退出金本位。1935 年以后，随着美国经济的复苏，人为地汇率贬值政策难以奏效，美元先是对法郎等黄金集团货币升值，然后于 1938 年开始对英镑及其他货币普遍上浮。自从 1934 年 1 月罗斯福宣布 1 盎司黄金等于 35 美元，美元黄金平价就一直稳定在该基础上，直至 1971 年尼克松新经济政策后的美元贬值。在 20 世纪，美元基本保持了价值稳定，所有其他货币同美元相比稳定性都相差很远。日元一直谋求国际地位，但日元汇率的不稳定性也是其国际化不成功的原因之一。

6. 货币国际化离不开政府的有力推动。

尽管货币在国际上的接受性归根结底取决于货币发行国的经济实力，但政府对本国货币国际化进程的态度是积极还是消极，将对这一进程产生不同作用。政府可以通过鼓励对外贸易、促进对外投资、完善金融市场并适时对外开放等措施为本国货币的国际化做好准备，从而顺应这一进程。若政府采取了相反措施，不去主动适应该过程，则会丧失经济全球化带来的福利效应，错过发展良机。英国利用国际金本位制，有力维护了英镑的国际货币地位；美国利用国际货币制度和马歇尔计划，有力形成了美元国际化的政府推动力量；欧盟各国推动欧洲货币一体化的长期努力促成了欧元的诞生和运行；日本政府自 20 世纪 80 年代以来一系列关于金融自由化、国际化的政策对于日元快速上升为国际货币起到了重要促进作用。人民币国际化同样需要政府的大力推动。

7. 重大历史事件往往为货币国际化提供难得契机。

全球货币格局与实体经济格局存在错位，后来居上货币的国际化程度一般落后于经济实力的全球对比。本币国际化需要一个较长时期的量变，而重大历史事件往往是促成量变到质变的转折点。20 世纪两次世界大战的爆发，以及布雷顿森林体系的建立，在加快英镑国际地位衰落的同时，促进了美元的崛起。自 2007 年至今的国际金融危机充分暴露了全球经济的严重失衡和国际货币体系的种种弊端。面对这次国际金融危机，中国带头推进刺激经济复苏计划，在克服全球金融危机中发挥了重要作用。在此过程中，人们对人民币国际化的滞后和必要性等问题有了更深刻、更统一的认识。人民币国际化有利于贸易投资便利化，有利于促进区域金融合作和稳定，有利于国际货币多元化。而跨境贸易人民币结算试点的推出正逢其时，并要有力抓住本次国际金融危机带来的稍纵即逝的机会。

8. 货币国际化是既有国际货币格局重新调整的过程。

任何时代都存在一个当时既有的国际货币格局，也就是国际货币的势力范围划分。任何一个主权国家货币向国际货币转换，势必带来既有国际货币格局的变化。新的国际货币从无到有、从小到大，对应的必然是既有国际货币份额的反向调整。从理论上讲，货币国际化的前景有多种：有的货币国际化不断向前推进，对其他国际货币的地位产生明显的排挤、侵蚀效果；有的货币国际化半途而废，无功而返；有的货币国际化推进到一定程度后长期处于停滞不前的状态；有的货币国际化进程跌宕起伏，在大步前进一段后又大步退缩。无论如何，货币国际化都可能引起新旧国际货币影响的此消彼长，货币国际化过程实质上是国际货币竞争的过程。

9. 新货币取代旧货币要经历一个相当长的历史过程。

一种货币若已占据主要国际货币的地位，在国际货币体系中就会产生一种惯性，其他货币想取而代之绝非易事。以英镑和美元为例：第一次世界大战前，美国的经济总量已超过英国，但英镑得益于其已占据的关键国际货币的地位，仍为世界上最主要的储备货币，直到 20 世纪 50 年代，英镑作为最主要官方储备货币的地位才被美元取代，国际货币由以英镑主导过渡到以美元主导至少用了 30 年（1918 年开始至 50 年代末完成）。就美元而言，20 世纪 50 年代获得最主要国际货币地位后，70～80 年代美国在世界经济中分量曾持续下滑，80 年代上半叶以来美国的国际收支持续逆差，而同期的马克、日元的国际地位有所上升。但由于美元在国际货币体系中已有位置所产生的惯性，美元仍保持最主要国际货币的地位。

10. 货币国际化存在一定的生命周期。

可描述为：一国经济实力上升，贸易顺差扩大，对外投资和债权增加，促进本国货币国际化；国际货币地位支撑国际收支逆差和债务积累，国际货币继续流向海外，本币国际化进一步延续；国际收支逆差和债务继续扩大并超出临界点，国家经济地位下降，国际货币信誉下降和份额降低，货币走向非国际化甚至退出国际货币舞台。现实中的国际货币命运往往更加跌宕起伏。从国际经验看，固定汇率制和浮动汇率制下国际货币衰落的方式有很大不同。固定汇率制下，国际货币的生命很可能戛然而止，因为一旦不能按照承诺的汇率实现自由兑换，马上就会出现货币危机，该货币就难以履行国际货币职能。当然，也可能一次性贬值以适应新的形势，但贬值幅度多大合适往往难以把握。与此相反，浮动汇率制和虚拟经济特性为既有国际货币维护自身地位、延长生命周期提供了较大空间。当代国际货币在衰落过程中具有很强的韧性，原因在于：浮动汇率制赋予国际货币特殊的自我修复机制，可表述为，国际货币发行国的国际收支逆差和债务扩大，经济增长乏力，国际货币地位弱化，货币贬值和降低利率，国际收支状况改善，经济活力增强，货币转为强势，再次出现国际收支逆差和债务扩大，如此往复，从而通过交替性贬值升值来维护自身的经济基础和国际货币地位。全球化和信息技术革命也赋予国际货币更大的活动空间，使得国际金融中心（市场）的发展和国际货币的作用可以更加超越国界和脱离国内经济基础。另外，金融创新导致金融衍生产品更加复杂和具有自我循环性质，使得虚拟经济和国际货币可在更大程度上超越实体经济发展。

11. 本币国际化没有一成不变的战略模式但要有自己的独特优势。

英镑国际化依赖的主要是当时英国的殖民统治和英镑的对外借贷；美元国际化依赖的主要是全球性汇率协作制度安排；欧元国际化受益于经济一体化发展尤其是 EMS 这样一种区域货币制度安排；日元国际化依赖的是实体经济发展和金融深化政策，但始终受到美元金融依存体制的制约；马克走的是一条通过成为区域性关键货币

进而发展为近乎完全的国际货币的道路。人民币国际化则具有自己
的独特优势：中国正处在一个经济金融一体化和国际货币合作不断
加深的有利大环境，这将为人民币国际化提供源源不断的动力和越
来越大的市场需求；中国拥有强大的国内市场，可逐步成为全球市
场的提供者，不像日元无法摆脱对美国商品市场的依赖而失去独立
性；两岸四地联系紧密，港澳地区与内地、台湾地区与大陆、港澳
台地区之间的货币经济合作空间巨大；同非洲始终保持良好关系，
对外援助、海外工程承包、资源开发等经贸活动的活跃，有利于拓
宽人民币国际化渠道。鉴于此，人民币国际化可采取"四轮驱动"
模式：借鉴货币国际化的普遍经验，通过不断拓展国际经贸渠道来
促进人民币国际化；借鉴美元国际化经验，不断增强在国际货币体
系改革中的话语权，通过国际货币制度合作，为人民币国际化提供
有力保障；坚持改革开放和扩大内需战略，逐步由全球商品市场的
供给方转变为需求方，建立全球人民币流动性交易和管理市场，形
成对人民币国际化的强势支撑；持续推动两岸四地的货币合作。

四、小　结

货币国际化是指，一种货币在国际范围内发挥价值尺度、支付
手段、价值贮藏等货币职能，最终成为在国际市场上被广泛接受、
持有和使用的过程。货币国际化具有职能演进的层次性、时间演进
的层次性、时空转化的层次性、货币职能之间相互增强性和可分离
性、是一个长期而复杂的发展过程等特点。

货币国际化的相关理论有：最优通货区理论、"一个市场、一
种货币"理论、国际贸易中标价货币使用的理论、货币国际化的
网络理论、货币替代理论等。

英镑、美元、德国马克、欧元、日元、澳大利亚元等货币的国
际化经验表明：经济实力是货币国际化进程的最基本决定因素，货
币国际化程度取决于该国在国际分工体系中的地位，货币国际化程

度与该国在国际贸易中重要性有更直接的联系，货币国际化需要一个具有相当广度、深度的全球金融市场和国际金融中心作为重要支撑，货币价值的稳定直接影响到货币信誉和持币信心，货币国际化离不开政府的有力推动，重大历史事件往往为货币国际化提供难得契机，货币国际化是既有国际货币格局重新调整的过程，新货币取代旧货币要经历一个相当长的历史过程，货币国际化存在一定的生命周期，本币国际化没有一成不变的战略模式，但要有自己的独特优势。

第三章　人民币国际化的历史
回顾与最新进展

本章首先分析跨境贸易人民币结算试点以前的人民币国际化情况。其次，分析跨境贸易人民币结算试点以来的最新情况。再次，分析人民币国际化的金融财税政策支持现状。最后，对当前人民币国际化情况简要归纳评价，并对人民币国际化未来趋势进行展望。

一、人民币国际化的历史回顾

人民币国际化进程与我国对外开放步伐紧密相关。改革开放初期，人民币通过人员往来、边境旅游、边民互市、边境贸易等方式向我国毗邻国家和港澳台地区少量流出。加入世界贸易组织后，为推动对外贸易发展，满足居民出国旅游需求，我国逐步放开人民币流出限制，人民币开始通过个人携带方式流向周边国家和地区。在2008年跨境贸易人民币结算试点启动之前，人民币国际化主要表现在以下方面：人民币现钞跨境流通存在多年，周边国家和地区存在一定规模的边境贸易人民币结算，港澳地区个人人民币业务稳步发展，银联卡境外使用不断扩大，非居民在境内发行人民币债券，境外存在人民币衍生交易，境内机构开始在境外发行人民币债券等。

（一）人民币现钞跨境流通和边境贸易人民币结算存在多年

中华人民共和国成立以来携带人民币出入境的规定经过数次调整：1951 年国家禁止人民币出入国境。1987 年公民携带人民币出入境限额调整为 200 元。1990 年北京亚运会期间，携带人民币出入境限额调整为 2 000 元。1993 年 1 月 20 日，国务院颁布了《中华人民共和国国家货币出入境管理办法》，规定中国公民出入境、外国人入出境，每人每次携带的人民币限额为 6 000 元，该办法的出台便利了内地和港澳居民的跨境往来和人民币消费性支付，也是允许人民币合法流出境外的标志。2004 年 12 月 2 日，中国公民出入境，外国人入出境每人每次携带的人民币限额由原来的 6 000 元调整为 20 000 元。

我国与周边国家和地区的边境贸易历史悠久，有2.2 万公里内陆边界线，黑龙江、内蒙古、广西、云南等9 个省区与俄罗斯、蒙古国、朝鲜、越南、老挝等 15 个国家接壤，与周边国家地区经济结构及自然资源的互补性较强，发展边境贸易有着得天独厚的优势。20 世纪80 年代以来，我国先后开放多个边境城市，边境贸易在中越、中缅、中蒙、中俄等边境地区萌芽。由于毗邻国家普遍经济不发达，货币信用不高，人民币逐渐成为边境贸易的结算货币之一。

（二）港澳地区个人人民币业务稳步发展

改革开放后，人民币开始通过人员往来向香港和澳门地区少量流出。进入 20 世纪90 年代，随着改革开放的深入推进和经济的快速发展，内地与港澳经贸一体化程度不断提高，往来人员数量迅猛增长，携带货币出入境成为普遍现象。特别是在港、澳回归后，港澳经济与内地休戚与共，人民币在港澳地区的流通和使用已形成一定规模，并有了相当数量的沉淀。人民币在港澳地区的流通范围和规模的不断扩大，客观上要求中央银行把在港澳地区的人民币纳入正常渠道。人民银行于 2003 年 11 月发布公告，开始为香港银行开办个人人民币提供清算安排，并与香港金管局商议，确定中国银行（香港）有限公司为香港银行个人人民币业务清算行，为参加行办理个人人民币存款、兑换、汇款和银行卡业务提供清算服务。在此基础上，在澳门地区也相应开展了人民币业务。2005 年 11 月 1 日，中国人民银行决定扩大为香港银行办理人民币业务提供平盘及清算安排的范围，包括提高部分现有业务的金额限额。以及允许香港居民个人签发人民币支票用于支付在广东省的消费性开支等。2007 年 1 月 10 日，国务院研究决定同意进一步扩大香港人民币业务，将为香港银行办理人民币业务提供平盘及清算安排的范围，进一步扩大到内地金融机构在香港发行人民币金融债券筹集的资金。

（三）境外存在人民币衍生交易

境外存在多种人民币衍生产品，其中，又以人民币无本金交割远期合约（Non Deliverable Forwards，简称 NDF）的交易最为活跃。人民币离岸 NDF 交易从 1996 年开始出现，主要市场为新加坡、中国香港和日本，其形成初期发展缓慢，交易也不活跃。2002 年后，随着东南亚金融危机效应的消退、中国贸易顺差和宏观经济的持续增长，人民币离岸 NDF 市场从预期人民币贬值转向升值，交易日趋活跃，日均成交额超过 10 亿美元，其成交主要集中在 3 个月、6 个月、9 个月、1 年和 3 年期等五个品种。与人民币即期汇率相比，人民币 NDF 报价波动较大，对人民币升贬值预期反应强烈。由于境外人民币 NDF 交易的规模不断扩大，加之境内远期外汇交易不活跃，人民币 NDF 汇率一定程度上成为人民币汇率预期的风向标。2006 年 8 月 28 日，芝加哥商品交易所（CME）推出人民币对美元、欧元及日元三种主要货币的期货和期权，首次将人民币衍生品纳入交易所交易，虽然短期内成交尚不活跃，但由于 CME 在外汇期货市场上举足轻重的地位，较之原来境外人民币 NDF 市场发展，无论对境内还是境外人民币外汇衍生市场的发展均将产生较深远的影响。

（四）银联卡境外使用不断扩大

银联卡是商业银行或有资格的发卡机构向社会公开发行，具有消费信用、转账结算、存取现金等全部或部分功能的结算支付工具。自 2004 年 1 月 18 日起，内地银行发行的印有银联标识的人民币银行卡开始在香港使用。2005 年 1 月 10 日起，中国银联正式开通了人民币银联卡在韩国、泰国和新加坡的业务，内地银行发行的带"银联"标识的人民币卡，可在上述三国贴有银联标识的自动柜员机上使用。在境外作为持卡人的支付工具得到广泛使用，同时也使中国银联与境内外参与机构之间的人民币清算职能得到树立和强化。银联卡的境外使用能够使持卡人个人或境外商户认同人民币的区域化地位。在当前人民币汇率稳定且不断升值的背景下，随着中国持卡人越来越多地使用银联卡在境外取现、消费，不仅持卡人对使用银联卡和人民币的信心得到增强，周边市场受理银联卡的意愿也会更加积极，境外银行对银联卡的区域化主体货币地位认同度不断提高。为进一步推进银联卡境外使用，今后可允许中国银联与境外机构以人民币作为清算币种，具备条件的周边市场合作机构可在境内指定清算行开立人民币清算账户，与中国银联通过人民币方式直接清算。在实际清算时，允许中国银联针对发卡业务和收单业务轧差清算，并对净额采用人民币向境外机构收付。

表 3-1　　　　　　近年来银联卡境外使用情况　　　单位：折合万美元

年　份	金　　额	年　份	金　　额
2007	545 282	2010	2 493 340
2008	872 035	2011	4 123 588
2009	1 422 724		

（五）非居民机构在中国境内发行人民币债券

从 2002 年开始，国际金融公司、亚洲开发银行等国际开发机构寻求在中国境内发行人民币债券，满足其贷款需求。2005 年 2 月，经国务院同意，中国人民银行、财政部、国家发展和改革委员会和中国证监会联合发布了《国际开发机构人民币债券发行管理暂行办法》，为国际开发机构在中国境内发行人民币债券制定了政策框架。2005 年，国际金融公司和亚洲开发银行在全国银行间债券市场各发行人民币债券 20 亿元。

（六）境内机构在境外发行人民币债券

2007 年 6 月 8 日，中国人民银行、国家发展和改革委员会联合发布了《境内金融机构赴香港特别行政区发行人民币债券管理暂行办法》，在中华人民共和国境内（不包括香港特别行政区、澳门特别行政区，台湾地区）依法设立的政策性银行和商业银行，在具备规定所要求的条件下，可以在香港发行人民币计价的债券，发行人民币债券所募集资金的调回以及兑付债券本息涉及的资金汇划，应通过香港人民币业务清算行进行，这为境内金融机构赴香港发行人民币债券制定了一个政策框架。国家开发银行、中国进出口银行和中国银行等相继获准赴港发行人民币债券，如表 3 - 2 所示。内地金融机构经批准在香港发行人民币债券，进一步扩大了香港居民和企业持有人民币回流内地的渠道。

表 3 - 2　　　　　　　人民币债券在香港发行情况

发债机构	发行日期	金额 （亿元）	年期	票面利率 （%）	超额认购 倍数
国家开发银行	2007 年 6 月	50	2	3.00	1.91
中国进出口 银行	2007 年 8 月	20	2	3.05	1.68
			3	3.20	
中国银行	2007 年 9 月	30	2	3.15	1.78
			3	3.35	

发债机构	发行日期	金额（亿元）	年期	票面利率（%）	超额认购倍数
交通银行	2008 年 7 月	30	2	3.25	6.80
中国进出口银行	2008 年 9 月	30	3	3.40	2.75
中国建设银行	2008 年 9 月	30	3	3.24	1.81
中国银行	2008 年 9 月	30	2	3.25	4.16
			3	3.40	

二、人民币国际化的最新进展

（一）跨境人民币业务较快发展

自 2009 年 7 月 6 日跨境贸易人民币结算试点正式启动以来，跨境人民币业务平稳较快发展。跨境贸易人民币结算试点境内地域范围已扩大至全国，境外地域范围取消限制，跨境贸易人民币结算量快速扩大，人民币跨境资本交易平稳推进，相关配套业务及时跟进。

跨境贸易人民币结算规模呈现大幅增长态势。自试点开始到 2011 年 12 月底，累计办理跨境贸易人民币结算业务超过 2 万亿元。2010 年，银行累计办理跨境贸易人民币结算业务 5 063.43 亿元，占同期中国对外贸易总额的 2.5%，其中，货物贸易出口结算 332.7 亿元，进口结算 4 047.7 亿元，服务贸易及其他经常项目收款 161.38 亿元，付款 521.64 亿元。2011 年 1 月至 12 月，全国累计办理货物贸易结算金额 1.56 万亿元，占同期进出口总额的 6.6%，比 2010 年上升 4.4 个百分点；服务贸易及其他经常项目结算金额 5 202.2 亿元。跨境贸易人民币实际收付金额合计 1.58 万亿元，其中实收 5 835.0 亿元，实付 9 994.3 亿元，收付比由 2010

年的 1∶5.5 提高至 1∶1.7。

北京、广东、上海是开展业务的主要境内地区。2011 年 1 月至 12 月，北京结算量占跨境贸易人民币结算总额的 18.6%，深圳占比 14.7%，上海占比 13.5%，广东（除深圳外）占比 13.5%，8 个边境省（自治区）的累计结算量约 1 165.3 亿元，占比为 6.2%。

与境内发生人民币结算业务的境外范围稳步扩大。自试点开始至 2011 年 12 月末，与境内发生人民币实际收付业务的境外国家和地区共 181 个，全球覆盖范围达 3/4 以上。其中，香港地区人民币实际收付累计结算量 15 801.4 亿元，占比 63.7%，比 2010 年年末下降 10.4%；新加坡人民币实际收付累计结算量 1 896.0 亿元，占比 7.6%；台湾地区人民币实际收付累计结算量 619.3 亿元，占比 2.5%；澳门人民币实际收付累计结算量 604.5 亿元，占比 2.4%；日本人民币实际收付累计结算量 598.3 亿元，占比 2.4%；主要国家和地区的情况如表 3-3 所示。

表 3-3　　　　境外人民币实际收付累计结算量及占比

国别（地区）	结算量（亿元）	占比（%）
中国香港	15 801.4	63.7
新加坡	1 896.0	7.6
中国台湾	619.3	2.5
中国澳门	604.5	2.4
日本	598.3	2.4
德国	447.1	1.8
越南	438.6	1.8
委内瑞拉	425.0	1.7
美国	379.5	1.5
澳大利亚	316.8	1.3

国别（地区）	结算量（亿元）	占比（%）
巴哈马	310.7	1.3
英国	297.6	1.2
韩国	291.5	1.2
法国	272.1	1.1
合计	22 698.3	91.6

人民币同业往来账户余额持续较快增长。截至 2011 年 12 月末，境内代理银行为境外参加银行共开立 1 188 个人民币同业往来账户，账户余额 1 833.8 亿元。境内非居民人民币账户余额增长较快。截至 2011 年 12 月末，共有 58 个境外国家和地区的机构在境内开立人民币银行结算账户 4 212 个，账户余额 860.5 亿元。以上海为例，截至 2011 年 12 月末，在沪银行非居民人民币账户余额 2 618.4 亿元，较年初增加 1 413.0 亿元。其中，非居民个人人民币账户余额 987.8 亿元，较年初增加 362.1 亿元；非居民机构人民币账户余额 1 630.6 亿元，较年初增加 1 050.9 亿元。非居民人民币账户余额及增长情况如表 3－4 所示。

表 3－4　　在沪银行非居民人民币账户余额及增长情况

	余额（亿元）	较年初增长（亿元）
合计	2 618.4	1 413.0
1. 非居民个人在境内开立的人民币账户	987.8	362.1
其中：港澳居民个人存款	545.8	291.0
2. 非居民机构在境内开立的人民币账户	1 630.6	1 050.9
其中：边贸人民币账户	0.00	0.00
人民币债券账户	3.0	1.5
QFII 人民币账户	201.6	44.0
人民币贷款账户	0.4	－3.2
跨境人民币账户	1 348.4	976.2

资本账户项下人民币跨境交易平稳推进。为配合跨境贸易人民币结算试点，支持企业走出去的大型项目，人民银行开展了人民币跨境投融资个案试点，截至 2010 年年末，各试点地区共办理人民币跨境投融资业务 386 笔，金额 701.7 亿元。2011 年 1 月至 12 月，全国累计办理人民币对外直接投资 201.5 亿元，外商直接投资结算金额 907.2 亿元。截至 2011 年年末，境内银行业金融机构境外项目人民币贷款余额 319 亿元。截至 2011 年 12 月末，已批准境外央行和工银亚洲、汇丰银行、中银香港等 51 家机构投资银行间债券市场，共核定额度 1 765.5 亿元。上述跨境人民币业务具体情况如表 3 - 5 所示。

表 3 - 5　　　　　　　　　　跨境人民币业务发展情况　　　　　　　单位：亿元

	金额	
	2011 年 1 ~ 12 月	2011 年 12 月末累计
1. 跨境人民币收付业务合计	20 692.0	24 855.2
（1）内地收到人民币	9 309.1	10 042.1
其中：经常项目收入	5 825.9	6 330.2
资本项目收入	3 474.2	3 711.9
（2）内地支付人民币	11 382.9	14 813.1
其中：经常项目支出	9 994.3	12 994.8
资本项目支出	1 388.5	1 818.2
（3）人民币净汇出	2 073.8	4 770.9
其中：经常项目净汇出	4 159.4	6 664.6
资本项目净汇出	- 2 085.6	- 1 893.6
2. 非居民账户情况		
境内非居民账户数量（个）	2 211	4 212
境内非居民账户余额	407.6	860.5
3. 同业往来账户情况		
同业往来账户数量（个）	490	1 188
同业往来账户余额	1 039.9	1 833.8

（二）境外人民币业务平稳有序开展

香港人民币债券市场较快发展。2007 年，国家开发银行在香港发行了第一笔人民币债券，为香港作为人民币债券离岸发行中心打下基础。此后，香港人民币债券，主要指以人民币发行和结算的点心债券（dim-sum）发行额逐年上升，2007 年、2008 年、2009 年分别为 100 亿、120 亿和 160 亿元人民币，2010 年达到 357.6 亿元人民币。2011 年 1 月至 12 月，香港共发行人民币债券 1 106.16 亿元，其中，财政部在港发债 200 亿元，境内机构发债 36 亿元，境外机构发债 870.2 亿元；截至 2011 年 12 月末，香港累计发行人民币债券 1 843.8 亿元，其中，内地机构在港累计发债 340 亿元，财政部在港累计发债 340 亿元，境外机构在港累计发债 997.8 亿元。2011 年 1 月，世界银行在香港发行了 5 亿元两年期债券，这是世界银行首次发行人民币债券，具有标志性意义。境内外多种机构主体在香港发行人民币债券，拓宽了人民币在境外使用的渠道，可为将来欧洲离岸人民币市场、美洲离岸人民币市场的形成提供经验。

香港人民币存款不断扩大。截至 2010 年 11 月末，香港人民币存款 2 796 亿元，其中，个人存款 1 226 亿元，企业存款 1 567 亿元。截至 2011 年 11 月末，香港人民币存款 6 373.0 亿元，占香港总存款的 10.2%，占香港外币存款的 20.1%。其中，香港人民币企业存款 4 509.9 亿元，占人民币存款总额的 72.0%；人民币活期及储蓄存款余额 1 869.8 亿元，定期存款 4 403.2 亿元。

澳门和新加坡等地区人民币业务呈现较快发展势头。截至 2011 年年底，通过中国银行澳门分行办理跨境人民币结算业务 522.5 亿元，自澳门人民币业务开办至今，中国银行澳门分行累计净买入人民币 235.4 亿元。截至 2011 年 12 月末，内地与新加坡的跨境人民币实际收付业务金额累计 1 896.0 亿元，其中，内地付款 1 261.8 亿元，内地收款 634.2 亿元。

（三）人民币兑外币交易逐步上升

早在 2003 年，为便利内地与香港特别行政区之间的经贸和人员往来，引导在香港的人民币有序回流，为香港办理个人人民币业务的有关银行提供清算安排，中国外汇交易中心吸收香港的清算行成为会员，承担为其办理人民币与港币兑换业务的平盘服务，第一次将交易网络延伸至境外。1994 年人民币汇率形成机制改革以来，中国银行间外汇市场挂牌了美元、欧元、日元、英镑和港币 5 种国际货币。跨境贸易人民币结算试点启动以来，中国外汇市场加快了对外开放步伐。2010 年 8 月 19 日，中国外汇交易中心在银行间外汇市场正式推出人民币对马来西亚林吉特交易，这是第一个在我国内地银行间外汇市场交易的新兴市场货币，此举旨在推动中国与马来西亚之间的双边贸易，促进跨境贸易人民币结算业务发展。2010 年 11 月 22 日，中国银行间外汇市场挂牌人民币兑卢布交易，截至 2011 年 9 月末，人民币兑卢布成交 33.1 亿元人民币。2010 年 12 月 15 日，人民币对卢布交易在俄罗斯莫斯科银行间外汇交易所正式启动，这是人民币首次在中国境外直接挂牌交易，也是人民币国际化进程中的一个重要事件。与过去通常采用的场外交易方式相比，挂牌交易不仅解决了俄罗斯本地银行间人民币对卢布的交易和头寸问题，促进了双边货币直接汇率的确定和形成，而且还丰富了人民币对卢布的结算方式和清算渠道，降低了双边银行和企业在经贸往来中的汇兑成本和汇率风险。截至 2011 年 9 月末，莫斯科银行间货币交易所人民币兑卢布共成交 4.49 亿元人民币。2011 年 11 月 28 日，基于澳大利亚、加拿大两国持续增长的贸易投资需求，中国外汇交易中心又推出了澳大利亚元、加拿大元兑人民币的汇率报价和交易。

人民币在全球外汇市场上的交易量小幅上升。在外汇交易领域，根据国际清算银行（BIS）的统计，从 1998 年到 2010 年，美元始终占据主导地位，比例基本稳定在 85% 左右；其次为欧元，在38%左右；日元占20%左右；英镑15%左右；包括人民币在内的新兴经济体的货币占比很小，但其地位逐步增强。具体情况如表3-6所示。

表3-6　　　　　　全球外汇市场主要交易货币的份额　　　单位：%

年份 币种	1998	2001	2004	2007	2010
美元	86.8	89.9	88.0	85.6	84.9
欧元	—	37.9	37.4	37.0	39.1
日元	21.7	23.5	20.8	17.2	19.0
英镑	11.0	13.0	16.5	14.9	12.9
澳大利亚元	3.0	4.3	6.0	6.6	7.6
瑞士法郎	7.1	6.0	6.0	6.8	6.4
加拿大元	3.5	4.5	4.2	4.3	5.3
港元	1.0	2.2	1.8	2.7	2.4
瑞典克朗	0.3	2.5	2.2	2.7	2.2
新西兰元	0.2	0.6	1.1	1.9	1.6
韩元	0.2	0.8	1.1	1.2	1.5
新加坡元	1.1	1.1	0.9	1.2	1.4
挪威克朗	0.2	1.5	1.4	2.1	1.3
墨西哥比索	0.5	0.8	1.1	1.3	1.3
印度卢比	0.1	0.2	0.3	0.7	0.9
俄罗斯卢布	0.3	0.3	0.6	0.7	0.9
人民币	0.0	0.0	0.1	0.5	0.9
所有货币	200.0	200.0	200.0	200.0	200.0

资料来源：BIS. 每笔交易都涉及两种货币，所以每种货币的交易量比重总和为200%。

（四）人民币的货币锚作用有所显现

2005 年 3 月 30 日，欧洲央行将人民币纳入到欧元的"指导汇率体系"中。近年来，马来西亚跟随中国实行有管理的浮动汇率制度，就在 2005 年 7 月 21 日中国人民银行宣布人民币汇率形成机制改革后的一个小时内，马来西亚央行宣布废除实行 7 年之久的林吉特与美元固定汇率制度，即日起实施有管理的浮动汇率机制，让林吉特与美元脱钩，而根据一篮子货币汇率浮动。印度储备银行从 2005 年 12 月开始，编制和发布印度新的外汇汇率指数，名义有效汇率（NEER）指数编制首次加入人民币和港币。2006 年 12 月 1 日，菲律宾货币委员会开始接纳人民币为菲中央银行储备货币，这是外国中央银行首次将人民币列为官方储备货币。基于对中国迅速增长的投资需求，日本网络证券商"E - TRADE 证券"在日本推出偿还时的本金与人民币汇率水平挂钩的人民币日元联动的公司债券，这是日本首次出现与人民币汇率挂钩的公司债券。

跨境贸易人民币结算试点启动以来，人民币作为货币锚的趋势逐步加强。2011 年 9 月 6 日，作为非洲第二大经济体的尼日利亚的央行行长拉米多·萨努西表示，央行继续推进其一年多以前制定的外汇储备多元化战略，考虑将自身外汇储备的 5% ~10% 转化为人民币资产。一些国家央行提出了直接从中国人民银行购买人民币进入其外汇储备的意向，2011 年，中国人民银行共批准了 7 家境外央行投资中国银行间债券市场，人民币作为储备资产开始起步。目前，多个国家拟将人民币列入储备货币。当然这并非一蹴而就，预计仍将需要 10 ~15 年的时间。

（五）货币互换合作进一步深化

我国积极开展同其他国家和地区的货币合作，主要包括双边本币互换协议和双边本币结算协议等。

双边本币互换协议是指为便利双边贸易和投资、维护地区金融稳定或其他目的，中央银行或货币当局之间就本币互换签订的协议。2000年5月，为吸取亚洲金融危机的教训，应对本地区可能出现的短期流动性困难和补充国际金融组织的援助，东盟十国和中日韩（10＋3）达成清迈倡议，彼此签订双边货币互换协议。这些协议大部分用美元签订，中日、中韩和中菲的协议用本币签订。清迈倡议框架下的双边货币互换协议对维护地区稳定、增强区域合作发挥了重要作用。但这些货币互换协议都与国际货币基金组织的规划挂钩，也就是说，一国遇到短期流动性困难时，需要首先与国际货币基金组织达成贷款规划，才可以完全启用双边货币互换协议，在没有达成贷款规划前，只可以启动双边互换协议中20%的资金。清迈倡议框架下的双边货币互换协议至今未启用过。2009年2月，10＋3成员同意将清迈倡议多边化，建立总值为1 200亿美元的外汇储备库，并于2010年3月正式生效。

全球金融动荡以来，东亚地区货币互换协议的发展出现了新趋势。东亚地区内的部分国家开始超越区域金融合作框架，转而采取由各自中央银行签署双边协议，以本币换取本币的形式相互提供流动性，其中以中国为典型代表。2008年12月以来到2011年年底，中国人民银行先后与韩国、马来西亚、中国香港、白俄罗斯、阿根廷、印度尼西亚、冰岛、新加坡、新西兰和乌兹别克斯坦、蒙古国、哈萨克斯坦、泰国、巴基斯坦等14个国家和地区的中央银行和货币管理当局签署了总额为9 212亿元人民币的双边本币互换协议，具体情况如表3－7所示。这些互换协议，体现了中国积极参与国际金融救助的负责任大国形象，有利于地区金融稳定。目前，这些协议已经逐步转到促进双边贸易和投资上来。

表 3 - 7　　　　我国央行签署的双边本币互换协议汇总表

经济体	签署日期	金额	有效期
韩国	2008 年 12 月 12 日	1 800 亿元人民币/38 万亿韩元	3 年
中国香港	2009 年 1 月 20 日	2 000 亿元人民币/2 270 亿港币	3 年
马来西亚	2009 年 2 月 8 日	800 亿元人民币/400 亿林吉特	3 年
白俄罗斯	2009 年 3 月 11 日	200 亿元人民币/8 万亿白俄罗斯卢布	3 年
印度尼西亚	2009 年 3 月 23 日	1 000 亿元人民币/175 万亿印尼卢比	3 年
阿根廷	2009 年 4 月 2 日	700 亿元人民币/380 亿阿根廷比索	3 年
冰岛	2010 年 6 月 9 日	35 亿元人民币/660 亿冰岛克朗	3 年
新加坡	2010 年 7 月 23 日	1 500 亿元人民币/300 亿新加坡元	3 年
新西兰	2011 年 4 月 18 日	250 亿元人民币/50 亿新西兰元	3 年
乌兹别克斯坦	2011 年 4 月 19 日	7 亿元人民币/1 670 亿苏姆	3 年
蒙古国	2011 年 5 月 6 日	50 亿元人民币/10 万亿图格里特	3 年
哈萨克斯坦	2011 年 6 月 13 日	70 亿元人民币/1 500 亿坚戈	3 年
泰国	2011 年 12 月 22 日	700 亿元人民币/3 200 亿泰铢	3 年
巴基斯坦	2011 年 12 月 23 日	100 亿元人民币/1 300 亿卢比	3 年

资料来源：中国人民银行网站。

　　中国人民银行与有关央行或货币当局签署的一系列本币互换协议，体现了对货币互换的一些创新。如将互换的有效期延长到 3 年，并支持互换资金用于贸易融资；与阿根廷的互换，人民币主要是在贸易中充当支付结算的角色；白俄罗斯则将互换的人民币作为储备货币；与韩国的互换，主要是方便韩国在华企业进行融资；与中国香港互换，是由于香港是人民币第二大集散中心，中央政府又准备在香港发行债券，货币互换主要是满足人民币资金供给；与马来西亚和印度尼西亚的互换，是用于双方的贸易结算。央行通过互换将得到的对方货币注入本国金融体系，使得本国商业机构可以借到对方货币，用于支付从对方进口的商品，这样，在双边贸易中出口企业可收到本币计值的货款，有效规避汇率风险、降低汇兑费用。在金融危机的形势下，这些创新可推动双边贸易及直接投资，并促进经济增长。

本币结算协议包括：一是边贸本币结算协议。1993 年以来，人民银行先后与越南、蒙古国、老挝、尼泊尔、俄罗斯、吉尔吉斯斯坦、朝鲜和哈萨克斯坦八个国家的中央银行签订了边贸本币结算协议，允许两国本币用于两国边境贸易的结算；允许银行互相开立本币账户为边境贸易提供银行结算服务；允许银行在海关备案后跨境调运两国本币现钞；允许银行在边境地区设立两国货币的兑换点。其中，与越南、蒙古国、吉尔吉斯斯坦和尼泊尔的协定中还包括了服务贸易，与俄罗斯的协议扩大到边境地区旅游服务。边贸本币结算协议的签订对促进我国与周边国家的边境贸易发挥了重要作用。具体情况如表 3 - 8 所示。

表 3 - 8 　　　　　　　　边贸本币结算协议一览表

国别	协议名称	签署日期
越南	中国人民银行与越南国家银行关于结算与合作的协定	1993 - 5 - 26
老挝	中国人民银行与老挝人民民主共和国银行双边合作协议	2002 - 2 - 4
尼泊尔	中国人民银行与尼泊尔银行双边结算与合作协议	2002 - 6 - 17
俄罗斯	中国人民银行与俄罗斯联邦中央银行关于边境地区贸易的银行结算协定	2002 - 8 - 22
	《2002 年 8 月 22 日签署的中国人民银行与俄罗斯联邦中央银行关于边境地区贸易的银行结算协定》的纪要	2004 - 9 - 24
吉尔吉斯斯坦	中国人民银行与吉尔吉斯斯坦国家银行双边支付和结算的协定	2003 - 12 - 18
蒙古国	中国人民银行与蒙古银行关于支付和结算的协定	2004 - 7 - 5
朝鲜	中国人民银行与朝鲜中央银行双边支付和结算协定	2004 - 10 - 26
哈萨克斯坦	中国人民银行与哈萨克斯坦国家银行关于边境地区贸易的银行结算协定	2005 - 12 - 14

二是一般贸易本币结算协议。2010 年 1 月 18 日，人民银行与香港金融管理局实验性地实施了货币互换协议。2010 年 4 月，人民银行与白俄罗斯中央银行签订了一般贸易本币结算协议，规定符合两国法律规定的民事主体间的支付与结算可以使用中白两国本币办理，这是我国与非接壤国家签订的第一份本币结算协议，该协议第一次将双边本币结算从接壤国家扩大到被接壤国家，从边境贸易扩大到一般贸易，是推进跨境贸易人民币结算的新进展，将有利于进一步推动中白两国经济合作，便利双边贸易和投资。2011 年 6 月，我国又与俄罗斯签订了一般贸易本币结算协定。

三、当前人民币国际化的金融财税政策环境

（一）跨境贸易人民币结算试点以前的金融财税政策环境

2003 年以前，中国长期实行严格的外汇管制政策，与人民币计价结算相关的法律法规主要以限制性或禁止性规定为主。2003 年外汇局开始逐渐放开对人民币计价结算方面的管制。2003 年《国家外汇管理局关于境内机构对外贸易中以人民币作为计价货币有关问题的通知》规定，境内机构签订进出口合同时，可以采用人民币作为计价货币。2003 年《边境贸易外汇管理办法》规定，边贸企业或个人与境外贸易进行边境贸易时，可以用可自由兑换货币、毗邻国家货币或者人民币计价结算，也可用易货的方式进行结算，解决了边境贸易使用人民币结算及进出口核销问题。2005 年，《国家外汇管理局关于边境地区境外投资外汇管理有关问题的通知》指出，边境地区投资主体以人民币进行境外投资的，可以到外汇局办理境外投资登记手续。至此，使用人民币计价结算在边境地区的报关、核销、对外投资等方面没有限制。

（二）跨境贸易人民币结算试点以来的金融财税政策环境

2008 年 9 月以来，为积极应对国际金融危机、保持经济贸易

平稳发展，中国作出了一系列关于加快推进跨境贸易人民币结算的战略部署，先后出台了一批推进跨境人民币业务发展的金融财税政策，如表 3 - 9 所示。

表 3 - 9　　　　　　　　　　新出台的金融财税政策

时间	政策要点
2008 年 9 月 17 日	国务院发布《国务院关于进一步推进长江三角洲地区改革开放和经济社会发展的指导意见》（国发〔2008〕30 号），在第 40 条中提出，"选择有条件的企业开展国际贸易人民币结算试点"。
2008 年 12 月 8 日	国务院发布关于当前金融促进经济发展的若干意见，允许金融机构开办人民币出口买方信贷业务；鼓励金融机构优先发放人民币贷款，支持国内过剩产能向境外转移；研究境外机构和企业在境内发行人民币债券，允许在内地有较多业务的香港企业或金融机构在港发行人民币债券；允许商业银行对境内企业发放并购贷款；支持香港人民币业务发展，扩大人民币在周边贸易中的计价结算规模，降低对外经济的汇率风险。
2008 年 12 月 24 日	国务院常务会议决定，对广东和长江三角洲地区与港澳地区、广西和云南与东盟的货物贸易进行人民币结算试点。
2009 年 4 月 8 日	国务院决定在上海市和广东省的广州、深圳、珠海和东莞先行开展跨境贸易人民币结算试点。
2009 年 7 月 1 日	人民银行、财政部、商务部、海关总署、国家税务总局和中国银行业监督管理委员会联合发布《跨境贸易人民币结算试点管理办法》，规范试点企业和银行的行为，防范相关业务风险，以促进贸易便利化，保障跨境人民币结算试点工作的顺利进行。根据办法，国家允许指定的、有条件的企业在自愿的基础上以人民币进行跨境贸易的结算，支持银行为企业提供跨境贸易人民币结算服务。
2009 年 7 月 3 日	人民银行发布《跨境贸易人民币结算试点管理办法实施细则》。自 2009 年 7 月 6 日起，上海市和广东省四城市正式开始跨境人民币结算试点，人民币跨境收付信息管理系统（RCPMIS）同日正式上线运行。
2009 年 8 月 和 9 月	国家税务总局和海关总署先后出台有关通知，对跨境贸易人民币结算出口退（免）税及人民币报关等问题作出了具体规定。
2009 年 9 月	中国人民银行、商务部、银监会、证监会、保监会、外汇局联合下发了《中国人民银行、商务部、银监会、证监会、保监会、外汇局关于金融支持服务外包产业发展的若干意见》，提出："鼓励服务外包企业发展离岸外包业务时采用人民币计价结算。对符合条件的服务外包企业发展离岸外包业务给予账户开立、资金汇兑等方面的政策便利。"

续表

时间	政策要点
2010 年 3 月	财政部和国家税务总局联合下发《财政部、国家税务总局关于边境地区一般贸易和边境小额贸易出口货物以人民币结算准予退（免）税试点的通知》，明确在 8 个边境省（自治区）的 85 个指定口岸与毗邻国家的出口货物以人民币结算准予退（免）税。
2010 年 3 月 8 日	为保障人民币跨境收付信息管理系统的顺利建设和运行，人民银行发布了《人民币跨境收付信息管理系统暂行管理办法》。
2010 年 6 月 17 日	经国务院批准，人民银行等六部委正式发布《关于扩大跨境贸易人民币结算试点有关问题的通知》，跨境贸易人民币结算试点地区扩大到北京等 20 个省（自治区、直辖市）；试点业务范围包括跨境货物贸易、服务贸易和其他经常项目人民币结算；不再限制境外区域，企业可按市场原则选择使用人民币结算；进口货物贸易、跨境服务贸易和其他经常项目结算不再限于试点企业，出口货物贸易人民币结算试点企业也从 365 家增加到 67 724 家。
2010 年 8 月	人民银行发布《境外机构人民币银行结算账户管理办法》，允许非居民账户用于各类现行制度允许的跨境人民币业务。
2010 年 8 月 16 日	人民银行发布了《关于境外人民币清算行等三类机构运用人民币投资银行间债券市场试点有关事宜的通知》，允许相关境外机构进入银行间债券市场投资试点，并对试点期间境外机构的范围、准入方式、投资运作模式等事项进行了明确和规范。试点期间，香港、澳门地区人民币业务清算行、跨境贸易人民币结算境外参加银行和境外中央银行或货币当局均可申请进入银行间债券市场进行投资。
2010 年 10 月	为落实中央新疆工作会议精神，人民银行乌鲁木齐中心支行发布《新疆跨境直接投资人民币结算试点暂行办法》，在新疆率先开展跨境直接投资人民币结算试点。
2011 年 1 月 13 日	中国人民银行发布《境外直接投资人民币结算试点管理办法》，人民币计价进行海外直接投资正式启动。规定：凡获准开展境外直接投资的境内企业均可以人民币进行境外直接投资，银行可依据境外直接投资主管部门的核准证书或文件直接为企业办理人民币结算业务。境内机构可以将其所得的境外直接投资利润以人民币汇回境内。银行可按有关规定向境内机构在境外投资的企业或项目发放人民币贷款。
2011 年 8 月 24 日	人民银行、财政部、商务部、海关总署、税务总局和银监会联合发布《关于扩大跨境贸易人民币结算地区的通知》，跨境贸易人民币结算境内地域范围扩大至全国。

续表

时间	政策要点
2011 年 10 月 13 日	中国人民银行发布《外商直接投资人民币结算业务管理办法》，明确：境外企业和经济组织或个人以人民币来华投资在遵守中华人民共和国外商直接投资相关法律规定的前提下，可以直接向银行申请办理人民币结算业务，银行可以按相关规定直接为外商投资企业办理人民币资金结算业务。
2011 年 10 月 14 日	商务部发布《关于跨境人民币直接投资有关问题的通知》，规定：境外投资者（含港澳台投资者）可以用合法获得的境外人民币依法开展直接投资活动，但不得投资有价证券、金融衍生品和用于委托贷款。境外人民币的范围，主要包括通过跨境贸易人民币结算取得的人民币；汇出境外的人民币利润和转股、减资、清算、先行回收投资所得人民币；在境外通过发行人民币债券、人民币股票以及其他合法渠道取得的人民币。
2011 年 10 月	人民银行发布《中国人民银行关于境内银行业金融机构境外项目人民币贷款的指导意见》，规定：具备国际结算业务能力、具有对外贷款经验的境内银行，可以开展境外项目人民币贷款业务。境外项目是指境内"走出去"过程中开展的各类境外投资和其他合作项目，包括但不限于境外直接投资、对外承包工程以及出口买方信贷等，银行境外项目人民币贷款是指银行向上述境外项目发放的人民币贷款。

（三）香港人民币业务发展的金融财税政策环境

2009 年，中国人民银行与中银香港和中国银行澳门分行先后修改《清算协议》，进一步放宽人民币的业务范围。2010 年 2 月 11 日，香港金管局发布《香港人民币业务的监管原则及操作安排的诠释》，明确只要不涉及人民币资金跨境流动和境内主体，在港银行可按照本地法规、监管要求和市场因素开展有关人民币业务。2010 年 7 月 13 日，中国人民银行授权中国银行（香港）有限公司为我国台湾地区人民币现钞业务清算行。中银香港将负责向台湾方面许可的台湾商业银行的香港分行提供人民币现钞兑换等相关服务，由这些分行作为交易主体，通过其总行向台湾当地的金融机构提供人民币现钞供应与回流服务，解决目前台湾人民币现钞货源不稳定、残旧钞多、兑换成本高等问题。不过，台湾地区何时开放人民币存款、汇款及贸易结算等业务，尚需双方进一步协商。2011

年 8 月 17 日，内地与香港经贸金融等方面合作推出新政策：大幅
提升内地对香港服务贸易开放水平，巩固和提升香港国际金融中心
地位，支持香港发展成为离岸人民币业务中心，支持香港参与国际
和区域经济合作，推动内地与香港企业联合走出去，发挥香港在粤
港澳地区合作中的重要作用。

目前，香港是人民币结算境外主要接受地区，自试点开始以来
占比一直在 50% 以上。据香港金管局统计，香港人民币存款在
2004 年年初仅有 8.95 亿元人民币，到 2011 年 11 月底已达 6 373 亿
元。港澳地区人民币业务的迅速发展极大地密切了与内地的经贸、
人员往来，有力促进了其经济社会发展，也有利于香港发展人民币
离岸市场，有利于内地在风险可控的情况下发展跨境人民币业务。

四、对当前人民币国际化情况的评价

总体上看，目前人民币国际化进展具有市场需求驱动为主、政
策顺势推动的特点，与我国改革开放进程、综合国力的不断增强、
与国际经济融合进一步紧密，以及海内外对中国经济和人民币的信
心逐步增强等情况基本相适应。尽管跨境人民币业务和境外人民币
业务增长较快，但人民币国际化仍处于起步阶段，且缺乏有力度
的、各部门统筹协调的系统性金融财税政策支持。

（一）当前人民币国际化仍处于起步阶段

1. 人民币开始涉及国际货币的大部分职能，但其国际化程度
都很低。

从表 3 - 10 可以看出，除干预货币职能外，目前人民币国际化
在不同层次的货币职能上都有体现，相对于跨境贸易人民币结算试
点以前的情况来说，这种延展范围、延展速度已有很大改观。但所有
层面的国际化程度仍然很低，不同层次的货币职能在时间和空间分布
上比较分散甚至处于自发状态，其培育缺乏顺序安排，这些职能之间

没有形成一个有先有后、层层递进、相互联系的严密体系。

表 3 – 10 　　　　　　　　　　人民币国际职能发挥现状

人民币的民间国际职能 （私人部门使用）		人民币的官方国际职能 （官方部门使用）	
计价货币	人民币在货物贸易、服务贸易、边境贸易、债券发行、境外贷款、直接投资等交易中作为计价单位。	货币锚	人民币币值持续保持稳定和升值势头，马来西亚等周边国家和地区开始不同程度上盯住人民币汇率，或将人民币列入其货币指数中。越来越多的呼声要求将人民币列入 SDR
交易媒介	人民币在货物贸易、服务贸易、边境贸易、债券发行、境外贷款、直接投资等交易中作为国际支付手段。目前尚未用于股票发行。	干预货币	尚未用于国际外汇市场的干预。
价值贮藏	香港等境外人民币存款、境外持有人民币债券。	储备货币	菲律宾、柬埔寨、韩国、尼日利亚等国将人民币列入官方储备。

2. 人民币在国际贸易活动中的计价结算货币职能平稳发展。

人民币可用于跨境货物贸易、服务贸易和其他经常项目交易的计价结算，2011 年 1 月至 12 月，中国货物贸易的人民币结算金额已占同期货物进出口总额的 6.6%。但也面临较多发展难题：一是进出口人民币结算不平衡。目前进口贸易人民币付款约占货物贸易人民币结算总量的 85%～90%，出口贸易人民币收款约占 10%～15%，这在一定程度上源于境外贸易商预期人民币升值，受境内外人民币汇率、利率差异的套利动机驱使。二是人民币成为载体货币的程度低。目前人民币仍局限于中国与贸易对象国的两国间本币结算，第三国之间的贸易还很少采用人民币结算。三是在全球进出口领域，美元仍是最重要的贸易结算货币；欧元主要在欧元区行使结算功能，在欧元区外使用不多；日元结算功能较弱，甚至弱于英镑和澳大利亚元；人民币所占份额更小。主要国家和地区在进出口贸易中使用的计价结算货币情况如表 3-11 所示。

表 3-11 主要国家在进出口贸易中使用的计价结算货币情况

	出口贸易（%）			进口贸易（%）		
	美元	欧元	本币	美元	欧元	本币
美国	95.0	—	95.0	85.0	2.0	85.0
德国	24.1	61.1	61.1	35.9	52.8	52.8
法国	33.6	52.7	52.7	46.9	45.3	45.3
英国	27.8	21.0	49.0	34.8	22.0	38.8
日本	51.2	8.5	36.3	69.4	3.6	24.1
澳大利亚	67.4	0.9	28.8	49.7	8.5	30.2
韩国	85.9	4.9	9.2	80.4	4.4	15.3
泰国	84.4	2.7	5.0	76.0	4.3	5.6
印度尼西亚	93.6	1.2	0.0	82.5	5.7	0.4

注：美国出口数据为 2006 年，进口数据为 2003 年；德国、泰国数据为 2002~2004 年平均值，英国数据为 1999~2002 年的平均值；法国、日本、澳大利亚、韩国、印度尼西亚数据为 1999~2003 年平均值。

3. 在人民币用于资本和金融项目交易整体受限的格局下，人民币用于债券发行和直接投资取得突破。

在债券发行和投资方面，香港人民币债券发行规模迅速扩大，中国财政部、中国政策性银行和国有商业银行、境外机构等先后多次发行人民币债券；符合条件的境外机构可以投资境内的银行间债券市场，从而人民币债券和投资已成为境外人民币回流的重要渠道。但从全球债券市场看，根据 BIS 统计，自 2000 年以来，美元和欧元都占据重要地位，二者之和基本超过 80%；其次为英镑，占 10% 左右；日元占比很小；人民币债券份额更小。在直接投资方面，人民币用于境外直接投资和外商境内直接投资的项目不断增加，与境外项目有关的人民币境外贷款也相应扩大，直接投资领域已基本实现人民币跨境流出和流入的双向流动。

4. 人民币的价值贮藏职能和储备货币职能可以相对独立地较快发展。

从货币国际化的经验看，承担价值贮藏和储备货币职能的国际货币具有多元化、分散化的发展趋势。多年来人民币汇率持续保持稳中有升的态势，特别是在亚洲金融危机期间人民币坚决不贬值，在本次国际金融危机演变过程中，人民币汇率始终保持稳定，这些都有力增强了人民币的国际信誉和非居民持有人民币的信心。近期以来，境外人民币存款、境内的非居民人民币存款（人民币 NRA 账户余额）较快增长，表明人民币的价值贮藏职能正在加强。在储备货币职能方面，人民币已被菲律宾等国家列入储备货币，国际社会也在热议人民币应进入 SDR，人民币作为储备货币在国际货币职能的培育过程中可以先行，当然这需要一段较长时间。在各国官方外汇储备构成上（如表 3 – 12 所示），根据 IMF 统计，自 1999 年到 2009 年，美元资产所占比重始终超过 50%，占据主导地位，但从 2001 年开始呈现下滑趋势；欧元资产占 20% ~ 30%，从 2001 年开始其份额逐渐增加；英镑、日元比重相当，均低于 10%，英镑的份额有上升之势，而日元份额呈下降之势；人民币份额尽管很低，但有望稳步上升。

表 3 – 12　　　　IMF 成员国官方持有外汇储备的货币构成　　　　单位：%

币种	1999 年	2003 年	2007 年	2010 年 9 月
美元	64.9	66.9	63.8	61.3
欧元	13.5	16.7	19.7	26.9
日元	5.4	5.5	4.8	3.6
英镑	3.6	4.0	4.4	4.0

资料来源：IMF。

5. 人民币在境外的流通规模仍然有限，在国际市场上还没有形成完善的货币循环流通机制。

英国当年通过资本输出向世界提供了巨额英镑，美国在布雷顿森林体系时期通过经常项目逆差向世界提供了充足的美元流动性。20世纪80年代，日本通过大规模跨国投资向各国提供了日元资金。而目前在资本和金融项目中人民币使用严重不足，中国资本市场还无法为人民币国际化提供必要的支撑，国际收支持续大额顺差和资本输出规模太小的矛盾并存。为此，应进一步化解过多的资本流入压力，加大人民币资本输出的力度。

（二）缺乏系统性和战略性的金融财税政策支持

随着跨境贸易人民币结算试点的启动，涉及经常项目交易的跨境人民币业务管理政策相继出台，初步构成了一个制度性安排框架；涉及资本和金融项目交易的跨境人民币业务除人民币境外直接投资和境内外商直接投资外，基本上仍为个案试点。这些政策的内容、力度、出台时机等与人民币国际化程度基本相适应，为跨境人民币业务的近期开展提供了制度保障。但从中长期发展需要看，目前人民币国际化缺乏系统性和战略性的金融财税政策支持（表3-13列举了部分情况），主要表现在以下方面：

表3-13　　　　　　　主要管理部门的政策支持情况

相关部门	政策支持特点
人民银行	针对跨境贸易人民币结算试点、境外机构的境内银行人民币结算账户、境外机构进入境内的银行间债券市场、人民币用于境外直接投资和境内的外商直接投资、境外项目贷款等先后出台了一系列政策，初步建立了跨境人民币业务的政策框架。但实际业务开展过程中还有不少问题需要政策明确。
外汇局	如何协同推进人民币国际化和人民币资本项目可兑换是一个较长期的复杂问题。近期在加强本外币跨境流动的真实性审核、抑制本外币跨境套利套汇等方面需进一步加强政策协调。
财政部	对人民币国际化尚未出台专门性的支持措施。

续表

相关部门	政策支持特点
税务局	列入试点名单的出口企业办理人民币出口收款，享受出口退税政策。
海关	货物进出口采用人民币报关的，可以办理进出口报关手续。
商务部	支持跨境贸易人民币结算，但没有特别的支持措施；出台了跨境人民币直接投资的规定，但相关的外商投资项目管理环节和要求都没有变化。
国家发改委	对人民币国际化尚未出台专门性的支持措施等。
银监会	对人民币国际化尚未出台专门性的支持措施等。

一是人民币国际化作为国家战略，需要金融政策、财政税收政策、产业政策、贸易投资政策等各方面的支持，但目前总体战略规划不够，相关部门尚未针对人民币国际化进行特别的支持性制度安排，仅在现行各自管理框架下做出一些适应性调整，政策支持力度小，各部门政策未在深层次上形成合力，二是人民币跨境流动循环机制有待完善。目前人民币流出、境外使用、回流境内的渠道不畅通，需要相应配套政策及时跟进。三是协调推进人民币国际化与人民币资本项目可兑换是一个较长期的互动过程，在具体管理方式方法上，需要更好地处理现行外汇管理体制改革与跨境人民币业务管理模式构建、本外币结算的便利性选择与真实性审核、本外币跨境流动方式的多样性与跨境资本流动风险控制要求的一致性等方面的关系。四是财政税收政策支持力度小，目前仅限于对列入试点名单的出口企业办理人民币出口收款可享受出口退税政策，在今后的财政税收政策调整中应将促进人民币国际化作为重要支持方向。五是在目前深化对外开放、扩大内需、调整经济结构等一系列重大安排中，人民币国际化战略还不够突出，人民币国际化程度根本上取决于我国综合国力和在国际分工体系中的地位，为此需要产业政策、贸易投资政策等方面的有力支持。

五、人民币国际化未来趋势的展望

跨境贸易人民币结算试点的启动，是在微观业务层面上迈出的一小步，但在宏观层面上开启了一段全新的里程。随着经济全球化的发展、中国综合国力和国际竞争力的提升，跨境人民币业务将继续保持快速持续发展态势，人民币在国际经贸活动中作为计价结算货币的比重将不断扩大，在国际金融市场上作为投融资货币的份额将不断增加，会被越来越多的国家或地区作为外汇市场干预货币、国际储备货币并成为 SDR 篮子货币的重要组成部分，进而成为具有一定影响力的国际货币，进入"国际硬通货俱乐部"。

未来 10～20 年是中国加快经济发展方式转变和经济结构调整的关键时期，更是人民币国际化的战略机遇期，推进人民币国际化面临难得的政策窗口。关于人民币国际化的路线图可大致构想如下：

一要从全局的角度，将人民币国际化正式上升为国家战略。将人民币国际化同扩大内需、调整经济结构、转变发展方式等重要战略实施有机结合，加强产业政策、贸易政策、投资政策、货币和财政政策的协同，实现政策支持的聚焦，在不断提升人民币国际化程度的同时，促进其成为我国改革开放和经济发展的新动力。

二要保持经济的可持续发展。不断提高我国劳动生产率以及中国在国际分工体系中的地位，巩固人民币国际化的经济贸易基础，保持健康的金融基础和财政基础。

三要有重点地培育人民币作为国际货币的职能。将中国周边国家和地区以及同中国经贸往来密切的国家作为重点对象，着力扩大人民币在双边国际经贸活动中的使用，带动第三方国家之间贸易投资活动使用人民币计价结算；从优先发展全球人民币债券市场和人民币贸易融资业务入手，逐步扩大人民币在国际金融交易中的使用和境外流通规模；支持他国中央银行持有人民币资产，不断推动人民币成为国际储备货币。与此同时，要保持不同货币职能之间的联动，共同形成货币职能优势，增强人民币的吸引力。

四要建立健全跨境人民币的回流机制。积极扩大进口和对外投资，促进人民币"走出去"。同时，不断推进人民币资本项目可兑换，加快推进国内金融市场的多元化改革和对外开放，大力推进上海国际金融中心建设和香港人民币离岸金融中心发展，从而拓宽跨境人民币的回流渠道，为境外人民币的流动性、安全性和赢利性管理提供充沛的市场条件。

五要保持人民币的币值稳定。加快发展中国外汇市场，逐步允许非居民参与国内外汇市场活动，进一步完善人民币汇率形成机制；加强跨境资本流动监测，防范货币冲击；推动亚洲区域汇率协调机制的完善，共同维护汇率稳定。

六要完善宏观经济调控。协同推进人民币资本项目可兑换、人民币汇率形成机制、利率市场化、金融市场开放等重点领域改革，牢牢把握人民币利率和人民币汇率的定价权，丰富政策工具和手段，建立健全与人民币国际化程度相适应的宏观经济调控机制。

七要加强国际货币金融合作。加强"两岸四地"的经济金融合作，推动货币融合；推动区域和全球范围内的经济金融合作；抓住国际货币体系改革带来的发展空间，努力提升人民币的国际地位。

八要始终维护金融安全。趋利避害，及时防范化解各类金融风险。

六、小 结

人民币国际化的进程与我国对外开放的步伐紧密相关。在2008年跨境贸易人民币结算试点启动之前，人民币国际化主要表现在以下方面：人民币现钞跨境流通存在多年，周边国家和地区存在一定规模的边境贸易人民币结算，港澳地区个人人民币业务稳步发展，银联卡境外使用不断扩大，非居民在境内发行人民币债券，境外存在人民币衍生交易，境内机构开始在境外发行人民币债券等。

自 2009 年 7 月 6 日跨境贸易人民币结算试点正式启动以来，跨境人民币业务平稳较快发展，境外人民币业务平稳有序开展，人民币兑外币交易逐步上升，人民币的货币锚作用有所显现，货币互换合作不断深化。

总体上看，目前人民币国际化进展具有市场需求驱动为主、政策顺势推动的特点，与我国改革开放进程、综合国力的不断增强、与国际经济融合进一步紧密，以及海内外对中国经济和人民币的信心逐步增强等情况基本相适应。尽管跨境人民币业务和境外人民币业务增长较快，但人民币国际化仍处于起步阶段，且缺乏有力度的、各部门统筹协调的系统性金融财税政策支持。

在未来一段时期内，随着经济全球化的发展、中国综合国力和国际竞争力的提升，人民币能够成为具有一定影响力的国际货币。

第四章 人民币国际化的动因与条件

净收益最大化是境内外市场主体推进人民币国际化的最直接、最基本的动力。本章在现有理论文献的基础上，构建和拓展货币国际化的收益成本模型，并从中国作为人民币提供者、他国作为人民币接受者的角度，分别论述了各自的收益成本构成，在此基础上指出人民币国际化的必要性和可行性。同时，分析人民币国际化的主要条件和现实基础。

一、货币国际化的收益成本模型

（一）一般的收益成本模型

货币国际化的影响大致可归纳为收益和成本两大类型。货币国际化的收益成本可构造为函数。就收益函数而言，货币国际化的总收益主要由获得国际铸币税收入、增加国际收支赤字融资能力、获得金融服务收益、减少汇兑支出等收益构成，可分别用 R_i，$i = 1$、2、$\cdots$、n，表示。这样，总收益可用式 4.1 表示：

$$R_t = R_1 + R_2 + R_i + \cdots + R_n, \ i = 1、2、\cdots、n; \quad （式 4.1）$$

就成本函数来说，货币国际化的总成本主要由面临"特里芬困境"、国内货币政策受到约束、资本流动风险增加等构成，可分别用 C_i，$i = 1$、2、$\cdots$、n，表示。这样，总成本可用式 4.2 表示：

$$C_t = C_1 + C_2 + C_i + \cdots + C_n，i = 1、2、\cdots、n；（式4.2）$$

货币国际化的净收益为总收益与总成本之差，净收益不妨用 NP_t 表示，函数关系为：

$$NP_t = R_t - C_t \qquad （式4.3）$$

（二）收益成本模型的拓展

上述函数仅是对货币国际化收益成本的一般描述。为更深入地分析评估货币国际化的收益成本，还需考虑以下因素带来的差异。

1. 不同衡量边界下的收益成本差异。

货币国际化的收益成本既包括显性收益成本，也包括隐性收益成本；既包括直接收益成本，也包括间接收益成本；既包括宏观层面的各种收益成本，也包括中微观层面的各种收益成本；既包括整体的收益成本，也包括局部的收益成本；等等。不同的衡量边界，对应不同大小的收益成本。为此，对衡量边界需要一个明确的界定或划分。对收益成本的评估要全面客观，单纯的收益成本取舍极有可能造成对人民币国际化的误导性判断，任何时候对个别方面收益的过度关注，或是对某些成本问题的过度担忧，都有可能扭曲货币国际化的判断标准。

2. 货币国际化不同阶段的收益成本差异。

货币国际化的收益具有先低、后高、再低的演变特征，如图 4-1 中的收益函数 R 所示。不妨用铸币税和间接收益（如国际影响）来说明。在新的国际货币诞生和成长的初期，该货币在国际市场上的份额很低，相应的铸币税收入很少，其在国际市场上的影响也很小。随着国际货币的发展壮大，其国际市场份额逐步增多，铸币税收入相应增大，货币的国际影响也逐渐上升。而到了国际货币的后期，该国际货币的份额逐步降低，铸币税收入相应减少，国际影响也随之减弱。英镑在国际舞台上就已经历一个比较完整的从兴盛到淡出的过程。

货币国际化的成本具有先高、后低、再高的演变特征，如图 4-1 中的成本函数 C 所示。在新的国际货币诞生和成长过程中，为满足国际社会对国际货币职能的要求，需要大量的硬件和软件投入，包括开放金融市场、解除资本项目管制等，当软件和硬件设施建成、国家货币成为国际货币开始运转后，各类成本明显减少；而到了国际货币生命周期的后期，为挽救国际货币的颓势，又需要加大各方面投入，以维持国际社会对该货币的信心。

综合起来看，货币国际化收益和成本的演变可划分为四个阶段，每个阶段的收益成本呈现不同特征（如图 4-1 所示）：第一阶段是国际货币成长期（由 t_0 到 t_1），货币国际化的收益有限，但成本很高。因为要成为国际货币，需多方面满足国际社会和金融市场的条件，风险和代价较大，净收益为负。第二阶段是国际货币壮大成熟期（由 t_1 到 t_2），货币国际化的成本逐步减小，收益明显加大，净收益为正值且逐步增加。第三阶段是国际货币成熟下降期（由 t_2 到 t_3），货币国际化的收益依然很大，成本依然较小，但从动态角度看，边际成本明显上升，边际收益开始下降，该阶段净收益仍为正值，但逐步递减。第四阶段是国际货币的衰落期（t_3 时点以后），货币国际化的成本急剧上升，收益急剧下降，成本远远大于收益，净收益又回到负值。

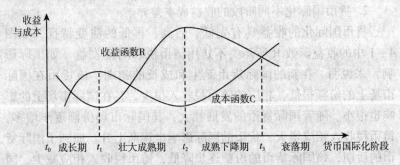

图 4-1　货币国际化不同阶段的收益成本差异

3. 确定性条件和不确定条件下的收益成本差异。

现有模型假定收益和成本是确定性的，实际上这些收益成本的发生都是基于一定的条件，面临较大的不确定性。为更有效地评估货币国际化的收益成本，可引入概率分析。假定收益为 R_t，发生的概率为 ϕ_1；成本为 C_t，发生的概率为 ϕ_2；货币国际化的净收益 NP_t 就可用式 4.4 表示：

$$NP_t = \phi_1 \times R_t - \phi_2 \times C_t \qquad （式 4.4）$$

4. 提供者和接受者角度下的收益成本差异。

仅从提供者角度分析本币国际化是不完整的，要正视别国对本币的现实和潜在需求以及接受本币的意愿度。金融发展理论将金融发展路径划分为需求推动型和供给引导型。需求推动型货币国际化是指实体经济发展、贸易规模扩大等因素导致一国经济与全球经济更深入地融合，各种交易超越国境在更广阔的层面上展开，刺激了非居民对本币的需求，推动了本币在国际范围内发挥货币职能。供给引导型货币国际化是指一国货币在国际化雏形出现以后，通过减少金融管制，扩大金融开放，供给适当的国际金融资产和负债以及提供相应的金融服务，增加了本币使用的便利和非居民对本币的国际需求，带动本币在境外发挥国际货币职能。人民币国际化应坚持需求推动型发展路径和供给引导型发展路径相结合，不断减少人民币国际化需求和供给方面的体制约束、市场约束，使净收益扩大。这些收益成本可分两类：一类是人民币国际化对中国的收益成本，其净收益的大小直接决定了中国推动人民币国际化的内部动力；另一类是他国接受人民币的收益成本，其净收益的大小直接影响到人民币国际化的外部动力。内部动力和外部动力的共同作用，驱动和牵引着人民币国际化的进程。接下来将在本章的第二节和第三节继续展开分析。

（三）收益成本的补偿机制

货币国际化的收益成本模型为分析人民币国际化的动因提供了

一个基本的分析框架。市场经济的核心问题之一就是如何节约交易费用，正如奥利弗·E·威廉姆森所说，"交易费用经济学坚持一点：经济组织的核心问题在于节省成本"，人民币国际化的动因同样遵循交易费用的规律。货币国际化收益成本模型引申出的一条思路就是补偿机制，这是政府推动货币国际化的着力点。货币国际化一般遵循市场演进和政府推动相结合的模式，市场演进的动力在于实现净收益的最大化；政府推动在于解决市场外部性问题，或通过补贴等手段，增加本币国际化的收益，降低本币国际化的成本，改进净收益状况，以吸引更多的市场力量参与本币国际化。不妨在式4.4中增加一项政府补偿因子 G_t，这种政府补偿是一个可体现在不同层面、相对广义的概念，如政府对本币国际化的直接财政补贴和降税，或加强对同接受人民币国家的经贸合作等的间接补偿都可包括在内。加入了政府补偿因子的货币国际化收益成本模型如式4.5所示。

$$NP_t = \phi_1 \times R_t - \phi_2 \times C_t + G_t \qquad (式4.5)$$

二、提供者角度：人民币国际化的收益成本

（一）人民币国际化的收益

1. 获得国际铸币税收益。

铸币税原指中世纪西欧各国统治者对送交铸币厂用以制造金银铸币的贵金属所征的税。在现代文献中，国际铸币税的衡量有两种口径，狭义的铸币税是指货币发行者凭借其发行特权所获得的货币面值与货币发行成本之间的差额；广义的铸币税则指因本币国际化而获得的本币及其表征的金融资产的净输出。现代信用货币的生产成本很低，近乎于零，货币当局向经济中新增多少货币流通量 $M \times V$（M为货币供应量，V表示货币流通速度），也就创造了相应的名义铸币税收益 S_n，可用式4.6表示：

$$S_n = M \times V \qquad\qquad (式4.6)$$

考虑到通货膨胀导致货币实际购买力的下降，用 P 代表物价指数，实际铸币税收益 S_r 可表示为：

$$S_r = M \times V/P \qquad\qquad (式4.7)$$

当一种货币成为国际货币后，货币持有人的范围就从居民扩大至非居民。于是，货币当局所获得的铸币税收益不仅来自居民的该货币持有额，也包括非居民的该货币持有部分。非居民持有该货币有两种基本形式：一种是现钞持有，另一种则表现为他国中央银行所拥有的该货币储备资产。非居民现钞持有比例有限，且从来源上看属于居民所持货币流出而形成，这部分铸币税收益在货币当局新增货币量已有所反映。而该货币作为他国央行拥有的官方储备资产，实际上并未离开发行国银行体系，属于货币国际化所引起的国际货币供应。由此，这部分在该货币发行国银行体系中由他国央行持有的储备资产，可定义为国际铸币税收益，用 S_r^f 表示：

$$S_r^f = M_f \times V_f/P \qquad\qquad (式4.8)$$

国际铸币税收益还包括对他国持有的境外本币资产进行运作的净收益。同时，当他国央行持有的境外储备资产主要以银行存款或国债等形式贮藏时，国际货币发行国须为其提供一个正的利息补偿，这构成了境外资产金融运作的成本。假定金融运作的净收益为 F，国外所持有的该货币金融资产存量为 W_f，相应的贷款利率为 r_l，货币发行国提供的正的利息补偿率为 r_d，货币发行国境外储备资产金融运作的净收益取决于运用境外储备资产进行投资的收益和成本，即：

$$F = W_f \times (r_l - r_d) \qquad\qquad (式4.9)$$

这样，国际铸币税总收益可表示为：

$$Y = S_r^f + F = M_f \times V_f/P + W_f \times (r_l - r_d) \qquad (式4.10)$$

人民币国际化可能获得的国际铸币税收益可用上述公式测算，一些学者进行了尝试，不过测算的结果相差较大。

2. 增强国际收支调节和宏观经济调控能力。

人民币国际化有利于化解中国持续大额国际收支顺差和外汇储备高企的压力，增强中国货币政策的自主性。人民币国际化可以使中国逐步摆脱困扰发展中国家的"米德困境"问题，即发展中国家为了保持国民经济的外部均衡，必然牺牲内部均衡，而像美国那样，可以集中关注国内经济目标，不必过多担心其国际收支状况和汇率水平。可以为中国制定服务于国内的经济政策和取得显著的经济政策效果提供必需的条件，享有影响别国货币政策的主动权，以及主导国际上货币和大宗商品交易的定价权，为本国的金融产品、金融机构和金融市场的发展带来便利。可以促进人民币成为国际储备货币，使中国具有逆差融资能力，当国际收支出现逆差时，通过增发人民币进行融资，不必进行代价较大的内部经济调整。同时，中国在国内外金融市场上筹措融资的能力增强，可减少对外汇储备的需求。

3. 提高我国在国际货币金融领域的影响力。

大国通常都会在货币问题上采取主动措施，而不是被动地接受别国影响。货币是对真实资源的索取权，大国要拥有政治上的自主性，就不能依靠别国的货币。人民币国际化意味着我国掌握了一种世界货币的发行和调节权，而拥有国际货币发行权的中国政府必定会给其他拥有国际货币发行权的国家施加有形和无形的竞争和牵制压力，这对稳定国际货币体系、稳定国际清偿能力具有重要意义。人民币国际化将会增强中国对全球经济活动的影响力和发言权。由于中国拥有国际货币的发行权，在制定货币政策时可以一定程度上影响使用人民币的国家和地区的金融经济，增强中国国际地位。同时，将促进国际货币体系的多元化，改变中国所处的被动地位，减少国际货币体系对中国经济发展的不利影响。

4. 降低货币错配风险和汇兑成本。

在开放经济和经济全球化的背景下，货币错配是新兴市场经济体普遍存在的问题。作为发展中国家，中国的货币错配问题同样不容忽视，所承受的风险主要是由本币汇率较大波动导致资产负债表可能恶化而产生的经济金融冲击。这种风险随着我国经济金融开放度的不断提高和民间持有外币资产的上升，逐渐由宏观层面向微观私人层面传递，加剧了未来经济金融运行的脆弱性。而人民币的直接跨境使用既可消除货币错配风险，又能减少货币兑换的交易成本，从而有利于我国对外经济贸易发展。

5. 促进金融机构国际化和企业"走出去"。

人民币国际化有利于提升境内金融机构的国际竞争力。境内金融机构以此为契机，可实现业务结构和产品结构的调整。通过增加人民币结算业务、短期或超短期的资金拆放及中长期的投融资业务，有效抵消本外币汇兑及外汇衍生产品的损失。境内银行国际结算量会相应增加，结算网络会逐步延伸到全球，有力促进海外分支机构业务的发展，增加新的赢利机会。境内银行承担起人民币清算行的角色，不仅能增加业务收入，而且能提升在国际金融市场上的形象和知名度。跨境人民币业务虽然使原本依靠汇差为中间业务收入来源的中资银行国际业务面临一定挑战，但从长期发展看，更多的是给中资银行带来了新的盈利空间。如跨境人民币汇款业务可获得汇款手续费收入；为境内外企业提供人民币贸易融资业务可获得相应利息收入；境内代理行为境外参加行开立人民币同业往来账户，可获得资金汇兑费和账户管理费；为境外参加行提供人民币资金的短期拆借、兑换等，可收取相应的融资手续费；在发行、代理和交易人民币理财产品、境外人民币债券等产品中，可获得相应收入等。

（二）人民币国际化的成本

1. 存在铸币税区域延伸的逆转风险。

铸币税区域延伸的逆转是指伴随货币国际化的逆转而产生的境外本币流通收缩，其根源在于全球货币市场高度流动条件下国际储备货币可选择的逆转性。由于人民币始终面临美元等强势货币的竞争，在国际货币格局中人民币将长期受到各种挑战，表明人民币本身具有被替代的可能，因而其国际化及铸币税收入存在逆转风险。

2. 增加货币政策的复杂性和操作难度。

一是影响央行控制人民币供给的能力。人民币充当国际支付手段或贮藏手段，必然会有大量的非居民持有人民币，且存在人民币的离岸交易中心。大量人民币在境外定价、交易和流通会通过跨境资本流动渠道影响本国的货币供给，进而增加央行对人民币存量统计监测的难度，影响央行控制货币供给的能力。二是影响货币政策的独立性。人民币作为国际性的价值贮藏手段，非居民将持有大量的人民币资产，当本国执行扩张性货币政策时，人民币利率水平下降，资产收益率随之下降，这有可能促使非居民将持有的人民币资产转换成外国货币资产，导致资本大量流出，国内的流动性紧张局面将得不到有效改善。反之，当本国执行紧缩性货币政策时，人民币利率水平上升，有可能导致非居民将持有的外币资产转换成人民币资产，资本大量流入，国内的流动性过多局面得不到有效抑制。三是强化了本国货币政策的外部约束。随着人民币国际化，本国货币政策将会对其他国家的经济金融产生影响。从资本流动角度看，本国制定的紧缩性货币政策通过吸引国外资本的流入会对其他国家产生紧缩性影响，如果他国与本国经济周期不一致，会给其他国家也带来紧缩性影响，反之亦然。因此，作为一个国际货币的发行国，并要体现负责任的大国形象，本国在制定货币政策时就应考虑到其他国家的反映和利益。

3. 本国财政政策受到外部约束。

一是限制了执行独立财政政策的能力。人民币作为国际货币其价值稳定特征要求本国必须保持良好的经济基本面，政府财政收支不能出现大规模、不可持续的赤字，否则，巨额的财政赤字必然会影响非居民对人民币的信心。由此根据本国经济情况实施财政政策的能力受到约束。如在经济萧条情况下，本国通过扩大政府支出的方式刺激经济增长，可能产生财政赤字，这会影响非居民对本国经济基本面的信心，进而对本币稳定产生动摇，可能造成大量的资本外逃，反而恶化国内经济局面。二是增加本国的财政支出。国际化的特征要求本国发挥世界性作用，广泛参与国际政治、经济、军事事务以维持国际货币的地位。对外军事存在和对外经济援助是本国参与国际事务的主要内容，有利于增强本国在国际社会上的影响力和竞争力，进而有利于维护人民币的国际地位。但这些会相应增加财政开支。

4. 国际收支面临逆差维持与币值稳定之间的矛盾。

向其他国家提供人民币国际储备资产最终通过增加国际收支逆差来实现，这涉及国际收支的可维持性问题。国际收支持续性的逆差会影响到人民币的币值稳定；而要保证人民币成为国际货币，其币值的稳定又是基本条件。如果本国试图通过货币贬值的政策来调节国际收支的失衡，则可能影响非居民持有人民币的意愿，降低国际贸易中使用人民币计价结算的可靠性，最终影响到人民币的国际化地位。

5. 金融脆弱性加大。

人民币要真正成为国际货币最终必须实现人民币资本项目可兑换，否则，非居民不愿意把其作为国际支付和价值贮藏手段。同时，在人民币成为国际货币后，非居民会持有大量人民币或人民币资产，并根据人民币的稳定性、收益率、国际地位等因素或自己国家外贸结构、偏好等变化来调整所持有的人民币头寸。特别是如果人民币的实际汇率和名义汇率发生偏离或即期汇率、利率与预期汇率、利率出现偏离，都将给国际投机者以套利的机会，刺激短期投机性资本的快速流动，在各种因素的推波助澜下，就会产生外国资本大规模流入或流出本国的可能性。而过早放开人民币资本项目，也会给国际资本带来利用国内市场的缺陷进行投机的机会。这些都加大了金融脆弱性。

在目前人民币资本项目管制、汇率和利率市场化改革尚未完成等情况下，人民币国际化会随之带来境内外之间多种套利的可能。一是贷款套利。内地尚未实现利率市场化，与香港市场利率的形成机制和利率水平不同，有可能形成大规模的套利活动，出现人民币随着两地利率水平的变化频繁跨境流动，影响到人民币的稳定。二是存款套利。内地人民币存款与香港人民币存款利率若存在差异，就可能出现人民币存款套利。若内地人民币存款利率高于香港，香港和周边国家地区的人民币可能会向内地流动；若低，可能出现内地人民币向香港流动。三是货币套利。港币存款与人民币存款存在利差，使得这两种货币存款之间出现套利机会。当人民币存款利率高于同期港币的存款利率时，居民可能为获得较高利息而将港币转存为人民币；反之，将人民币转存为港币。四是 A 股、H 股的套利。存在差价的原因之一是人民币不能自由兑换。由于 A 股、H 股各自具有不同的内在特征，在有限管道下，只要人民币还没有完全可兑换，两者的差价就会存在，投资套利活动就将存在。五是内地和香港之间的套汇。两地人民币汇率形成机制不同，汇率差异可能导致两地的套汇行为增加，这有利于两地人民币汇率趋向一致。但是，当内地人民币汇率发生严重低估或高估时，由于内地实行外汇管制，投机空间有限，香港有可能出现人民币投机风潮，引起人民币大规模跨境流动，并导致香港人民币汇率动荡。

6. 人民币监督管理成本加大。

人民币国际化扩大了人民币的流通范围，增加了人民币的流通手段，相应地加大了人民币的监督管理成本。一是增加了人民币现钞的管理和监测难度，包括人民币现钞的跨境调运、配送、残钞旧钞处理，以及反假币。二是增加了反洗钱的难度。犯罪分子可能利用人民币的跨境流通进行各种洗钱活动，对这类跨境洗钱行为识别和打击的难度远大于针对国内的洗钱活动。三是对利用人民币跨境流通进行避税、逃税等行为的控制难度也会加大。

三、接受者角度：人民币国际化的收益成本

（一）他国接受人民币的收益

1. 人民币国际化有利于周边国家和地区同中国结成更紧密的经贸利益共同体，共同抵御风险，实现共赢。

我国对外开放不断深入，与区域内经贸关系密切，基本形成了区域产业链。货币是国家间更紧密关系的纽带，人民币国际化将进一步密切这种互利共赢的关系，共同抵御国际经济金融特别是货币动荡的风险。中小国家和地区接受人民币更为有利，其收益至少包括：一方面，可减少外部冲击。中小国家和地区的经济规模、国土面积、人口等比发达国家的小，往往成为发达国家的货币贬值、通货膨胀的牺牲品，影响到本国经济的稳定增长，而使用人民币可减少来自区域外部的各种冲击。另一方面，可降低交易成本。区域内的经济交易直接使用人民币结算，避免用区域外的货币转换，可降低汇兑成本。

2. 人民币价值稳定，有利于地区各国经济。

20 世纪 80 年代以来，大多数发展中国家选择了外向型经济策略，偏爱汇率稳定。而这种汇率稳定既要求贸易国之间的双边汇率稳定，也要考虑与竞争国之间的汇率关系。东亚经济体应将汇率稳定放在突出位置，但不应继续采用单边盯住美元的汇率制度，而应更多地与区域内货币之间维持汇率稳定。实际上，目前东亚各经济体已陷入一种汇率制度选择困境。东亚各经济体属于外向型经济，其经济增长要求商品相对价格稳定。随着区域一体化的展开，东亚区域内形成了一个较完整的区域产业循环与分工体系，区域内各经济体之间的关系更为紧密。各经济体的贸易和外部融资结构极为相似，这意味着东亚各经济体之间属于竞争性均衡。单边盯住外部锚，势必导致各经济体都采用货币贬值来提升其竞争力。解决这一困境需要通过区域货币合作以实现区域内货币间的汇率稳定，以及

对外竞争力的整体提升。如果人民币实现区域化，并成为东亚区域的锚货币，大量贸易就可以采用人民币结算，从而降低各经济体的美元持有量，减少汇率不确定性，降低交易成本，促进东亚地区的贸易发展。

3. 中资银行可为周边国家和地区提供良好的金融服务。

中国同周边国家和地区经贸往来的日益密切，对金融服务提出了较高要求，而中国周边国家和地区的商业银行经营规模较小，资信水平较差，难以满足双边贸易发展的需要。如果将人民币作为双边经贸往来的计价结算货币，中资银行就可以发挥人民币结算的优势，为对方企业提供信用证、保函、托收等信用工具，也可为对方企业提供人民币贷款等融资服务，并加快结算速度。

4. 分享人民币结算网络的正外部性收益。

其他国家在同中国的经贸往来中越来越多地使用人民币计价结算，可不断延展人民币结算的全球网络。结算网络具有明显的正外部性，该网络用户越多，交易费用就越低。因此，他国在接受人民币的过程中，既促进了人民币网络的扩大，也从中分享了网络正外部性带来的收益。

（二）他国接受人民币的成本

1. 国内铸币税的损失。

他国接受人民币，意味着人民币对该国货币会形成部分替代，由此该国会失去相应的国内铸币税收入。但实际上这部分的收入是很难定量的，也不会太大。

2. 丧失货币政策独立性的损失。

他国接受人民币，可能会部分丧失货币政策的独立性。但由此带来的损失不宜夸大，原因在于：一是不同国家的货币政策有效性有较大差异。对于通货膨胀率居高不下的国家，放弃该国货币政策，通过盯住人民币获得了名义锚，这种放弃损失并不大；对于同中国经贸关系密切的高度开放的小国，充分保持同人民币汇率的稳定更为必要，其货币政策的独立性意义反而不大。二是维护该国货币政策独立性虽可获得一定的收益，但也需要支付一定的成本，这对于小国来说，其净收益未必可观，换句话说，丧失货币政策独立性的损失并不大。

四、人民币国际化的主要条件与现实基础

（一）人民币国际化的主要条件

1. 从信用基础看货币国际化条件。

货币是信用的载体，其本质就是信用。马克思指出，"货币不是东西，而是一种社会关系"，是"隐藏在屋后面人的关系的表现形式"。货币之所以具有普遍接受性，就是因为货币承载了信用这种社会关系。国际货币的竞争就是国家信用的竞争，信用货币的国际竞争力取决于对该货币的信心与预期。从商品货币发展到信用货币时期，劣币驱逐良币的格雷欣法则转变为良币驱逐劣币的反格雷欣法则，并出现了货币替代及美元化等现象，其背后的决定因素在于国家信用状况。

货币国际化意味着一国货币的可市场化程度与普遍接受度的递增，交易费用下降带来的交易半径的不断扩展、专业化分工程度的加深，这是市场选择的必然结果。银行信用货币的产生并不必然带来其交易范围的扩展，银行信用是以银行的信誉为担保，覆盖交易过程；当银行信用被国家信用所取代，货币由银行信用本位演变为国家信用本位时，货币的可市场化程度就取决于一个国家的经济实力和政治实力。

2. 货币国际化条件的有关观点。

易纲（2010）在谈到"一种货币成为储备货币是市场自然的选择结果呢，还是需要政府来一锤定音，还是二者互相推动"时认为，一种货币成为储备货币，首先是凭借所在国家或国家联盟的

经济实力；其次是其文化凝聚力和感召力；再次，是政治和军事的实力。经济实力是第一。文化是第二，文化的感召力是非常重要的，你的核心价值观，能不能被广大的国家和地区接受。真正的储备货币，一定是在全世界相对而言，其背后的文化和价值观是有影响力的。郭庆平（2009）指出，对于人民币国际化这一概念的使用，央行持慎重态度。一国货币是否属于国际货币应该由市场决定，至少应该取决于以下三个因素：第一，该货币背后的国家经济要具有足够的竞争力；第二，该货币背后的国家金融市场要十分发达，且这种货币应该可兑换；第三，该货币所运行的环境持续保持稳定。按照上述条件衡量，人民币目前距离国际货币仍有差距，因此对于人民币国际化这一概念应持谨慎态度。沈联涛（2009）提出，储备货币要有三个条件：保护产权，交易成本要低，高度透明度，投资该货币要能保值，要靠流动量、透明度、交易成本。国际货币基金组织（IMF）的研究表明，货币国际化取决于该货币的自由兑换性、普遍接受性、稳定性。

不少学者采用"现象的事实分析"，透过国际货币的历史现象进行归纳总结，通过分析国际货币的使用情况和国际货币格局的变化，来研究国际货币及其发行国所具有的特性。多年的研究结果所达成的共识是：一国货币逐渐演变为国际货币需要如下条件：（1）货币发行国的经济规模；（2）货币发行国在国际贸易中的重要性；（3）国内金融市场的规模、深度、流动性和开放性；（4）货币的可兑换性及公信力，货币的公信力来自货币价值的稳定和预期未来稳定的信心；（5）国际货币使用的历史惯性，交易成本、规模经济和网络效应等因素解释了惯性产生的原因。

3. 对人民币国际化条件的评析。

综合来看，人民币国际化的条件同样包括：具有强大的综合经济实力，在国际贸易和投资活动中的重要地位，发达成熟的金融市场，人民币资本项目可兑换，人民币的币值稳定，持续可信的宏观经济政策，强大的政治、军事、文化力量等保障。这些条件仅就一般意义而言，在实践中不能一味地拘泥于所谓条件，还应考虑以下因素：

（1）货币国际化的条件具有较强的内生性，即"事前标准"一定程度上可以在货币国际化后得到"事后满足"，这种"事后标准"满足程度的强化，放宽了对"事前标准"满足程度的要求。人民币国际化的推进同中国经济规模的扩大、国际贸易和投资地位的提升、金融市场的深化开放、人民币资本项目可兑换程度的提高等是可以并行发展、互动促进的。人民币国际化进程的快慢取决于这些条件的满足程度，同时，人民币国际化本身也是不断完善发展这些条件的重要推动因素。就中国现有的综合国力而言，关键已不在于人民币国际化同这些条件的满足孰先孰后，而是如何协同推进，并在动态演进中始终保持彼此的基本适应。

（2）货币国际化各条件之间存在替代、交叉、因果和矛盾等关系。这些条件只是一个大致的分类，如综合国力、在国际分工体系中的地位、在国际贸易投资活动中的重要性等条件。若进行细分，在不少方面是重叠的；国内金融市场的开放发展与人民币资本项目可兑换既有交叉，也有因果关系。所以，不能过于强调逐个条件的约束。

（3）推进货币国际化的时机也很重要。重大历史性事件往往为货币国际化提供了难得的时间窗口，此时，即使条件欠缺，也应抓住契机，及时突破。

（4）货币国际化具有由低到高的不同层次，每个层次所要求的条件大不一样。在人民币国际化起步阶段，由于人民币跨境流通规模有限，不会造成过大风险，所以可适当放宽条件约束；在人民币国际化成熟阶段，各条件事实上都已具备；最复杂的在于人民币国际化的中间阶段，会面临很多的不确定性，需要对人民币国际化的条件详细评估，并在实践中作好顺序安排。

（5）要重视非经济因素的影响。传统、习俗、民族感情等文化因素对货币国际化有很大的潜在影响力。人民币国际化需要发挥中国传统文化的优势，不断增进他国企业、民众和政府对人民币的好感。

（二）人民币国际化的现实基础

人民币国际化进程的快慢取决于中国的经济规模基础、国际贸易基础、国际投资基础、对外开放基础、经济一体化基础、金融市场基础、货币可兑换基础、宏观调控和政策支持基础等。目前中国金融市场发展水平、人民币资本项目可兑换程度、宏观经济调控能力、跨境人民币业务的政策支持程度等与人民币国际化的现实发展需要基本相适应，详细分析将在后面章节分别展开。这里，重点讨论人民币国际化的以下基础。

1. 我国国民经济规模持续较快增长，但综合国力仍然不强。

改革开放以来，我国国内生产总值持续保持较快增长局面，由1978 年居世界第10 位、占世界比重1.8%，上升到2009 年的第三位，占世界比重8.6%（如表4 –2 和表4 –3 所示）。2006 ~ 2010 年期间，国内生产总值由2006 年216 314 亿元，上升到2010 年的397 983 亿元，比上年增长率均保持在9% 以上（如表4 –1 所示）。2010 年8 月16 日，日本内阁府公布数据显示，二季度日本国内生产总值为12 880 亿美元，而根据中国国家统计局公布数据，中国的为13 390 亿美元，中国经济规模超过日本；中国2010 全年国内生产总值按现时汇率计算，约合6 万亿美元，比日本的5.47 万亿美元高出4 000 多亿美元，成为仅次于美国的世界第二大经济体。2011 年，面对复杂严峻的国内外环境，实现全年国内生产总值471 564 亿元，比上年增长9.2%。根据有关测算，2020 年前，中

表4 –1　　　　2006 –2011 年国内生产总值及其增长速度

	2006 年	2007 年	2008 年	2009 年	2010 年	2011 年
国内生产总值（亿元）	216 314	265 810	314 045	340 903	397 983	471 564
比上年增长（%）	12.7	14.2	9.6	9.2	10.3	9.2

资料来源：中国国家统计局。

国仍然有望以年均 8% 以上的速度持续增长，而欧美等发达国家的增长速度仅为 2% 左右，到 2020 年左右，中国经济规模将同美国及欧元区接近。

但中国的综合国力仍然不强。由表 4 - 2 和表 4 - 3 可以看出，我国人口规模很大，人均国民收入水平与发达国家相比差距很大。1978 年，在 188 个国家和地区中，中国人均国民总收入排在第 175 位；2009 年，在 213 个国家和地区中，中国位列第 124 位；1978 年以来的 31 年间，排名虽一直上升，而增幅始终较小且位次总体靠后。根据世界银行数据，2008 年中国人均国民总收入 2 770 美元，居全球第 127 位，而美国为 47 580 美元，中国仅相当于美国的 5.8%。1990 ~ 2009 年期间，人文发展指数位次始终仅在世界中游水平。国内经济结构不合理的矛盾也十分突出。这些在一定程度上制约了人民币国际化的进程。

表 4 - 2　　　　　　　　中国主要指标居世界的位次

指标	1978 年	1980 年	1990 年	2000 年	2007 年	2008 年	2009 年
国内生产总值	10	11	11	6	4	3	3
人均国民总收入	175 (188)	177 (188)	178 (200)	141 (207)	132 (209)	127 (210)	124 (213)
进出口贸易总额	29	26	15	8	3	3	2
出口额	30	28	14	7	2	2	1
进口额	27	22	17	9	3	3	2
外商直接投资		60	12	9	6	3	2
外汇储备	38	37	7	2	1	1	1
国土面积	4	4	4	4	4	4	4
人口	1	1	1	1	1	1	1
人文发展指数			79 (160)	96 (173)	92 (182)	91 (169)	89 (169)

资料来源：中国国家统计局。括号中所列为参加排序的国家和地区数。

表 4 - 3　　　　　　　　　中国主要指标占世界的比重　　　　　　　单位：%

指标	1978 年	1980 年	1990 年	2000 年	2007 年	2008 年	2009 年
人口	22.3	22.1	21.6	20.8	20.0	19.8	19.7
国内生产总值	1.8	1.7	1.6	3.8	6.2	7.1	8.6
进出口贸易总额	0.8	0.9	1.6	3.6	7.7	7.9	8.8
出口总额	0.8	0.9	1.8	3.9	8.7	8.9	9.6
进口总额	0.8	1.0	1.5	3.3	6.7	6.9	7.9
外商直接投资		0.1	1.7	3.0	4.2	6.4	8.5

资料来源：中国国家统计局。

2. 对外贸易规模不断扩大，但仍处于国际产业链中低端。

中国对外贸易规模持续多年快速增长。1978 年，中国进出口贸易总额居世界第 29 位，占世界贸易总额比重 0.8%；到 2009 年，位次提高到第 2 位，占世界贸易总额比重达 8.8%。其中：中国商品出口占全球出口份额的 9.6%，超过德国的 9.2%，成为世界商品最大出口国；商品进口占全球进口份额的 7.9%，仅次于美国的 12.9%，位列第二。2006 ~ 2010 年期间，货物进出口总额由 2006 年的 17 605 亿美元上升到 2010 年的 29 727 亿美元。2011 年，中国进出口总额 36 421 亿美元，同比增长 22.5%，其中，货物出口 18 986 亿美元，同比增长 20.3%；货物进口 17 435 亿美元，同比增长 24.9%；进出口顺差 1 551 亿美元，比上年减少 264 亿美元（如表 4 - 4 所示）。中国和世界主要新兴国家的贸易往来规模逐渐增

表 4 - 4　　　　　　中国 2006 ~ 2011 年货物进出口总额　　　　　单位：亿美元

	2006 年	2007 年	2008 年	2009 年	2010 年	2011 年
货物进口额	7 915	9 561	11 326	10 059	13 948	17 435
货物出口额	9 690	12 205	14 307	12 016	15 779	18 986
货物进出口额	17 605	21 766	25 633	22 075	29 727	36 421
差额	1 775	2 644	2 981	1 957	1 831	1 551

资料来源：国家统计局。

大且增速较快，2010 年东亚地区的东盟、韩国、中国台湾和中国香港在中国进出口贸易中的比重分别达到了 30% 和 28.8%，其对中国重要程度已接近美国、欧洲和日本的水平。

但中国出口的产品仍然主要集中在低技术和低附加值的产品方面，总体上处于产业链中低端，贸易竞争力不强。2004 ~ 2009 年期间，中国高新技术商品进出口总额由 2004 年的 3 269.7 亿美元，占中国进出口贸易总额的 28.3%，上升到 2009 年的 6 867.8 亿美元，占中国进出口贸易总额的 31.1%（如表 4 - 5 所示）。2010 年，中国高新技术产品进出口总额 9 050 亿美元，较上年增长 31.8%，其中，出口总额 4 924 亿美元，同比增长 30.6%；进口总额 4 127 亿美元，同比增长 33.2%；高新技术产品贸易顺差进一步扩大，达到 797 亿美元。中国香港、美国和欧盟依然是中国内地高新技术产品最大的出口市场，占整个出口市场份额的 61.7%；高新技术产品进口主要来自亚洲国家（地区），分别是韩国、中国台湾和日本，占中国高新技术产品进口总额的 46.3%。高新技术产品出口主要贸易方式包括进料加工贸易、来料加工贸易和一般贸易。近年来，高新技术产品进出口规模增长较快，但其占贸易进出口总额的比重提升较慢；在高新技术产品出口贸易方式中，加工贸易（包括来料加工和进料加工）呈现下滑态势，但仍占主要份额，2002 ~ 2010 年期间的比重达 78.8%；一般贸易比重逐步上升，从 2002 年的 3.1% 提高到 2010 年的 6%，比重偏小的局面尚未改变。

表 4 - 5　　　　　　　　高新技术产品进出口及份额

指示名称	2004 年	2005 年	2006 年	2007 年	2008 年	2009 年
进出口额（亿美元）	3 269.72	4 159.56	5 287.5	6 348.03	7 575.52	6 867.84
占进出口贸易总额比（%）	28.3	29.2	30	29.2	29.5	31.1
占工业制成品进出口比（%）	32.8	33.9	34.8	34	35.7	37
出口额（亿美元）	1 655.4	2 182.48	2 814.5	3 478.19	4 156.11	3 769.31

指标名称	2004 年	2005 年	2006 年	2007 年	2008 年	2009 年
占出口贸易总额比（%）	27.9	28.6	29	28.6	29.1	31.4
占工业制成品出口比（%）	29.9	30.6	30.7	30.1	30.8	33.1
进口额（亿美元）	1 614.32	1 977.08	2 473	2 869.84	3 419.41	3 098.53
占进口贸易总额比（%）	28.7	29.95	31.2	30	30.2	30.8
占工业制成品进口比（%）	36.3	38.6	40.9	40.3	44.4	43.3
贸易差额（亿美元）	41.08	205.4	341.5	608.35	736.7	670.77

资料来源：中国科技部。

3. 外商直接投资持续增长，对外直接投资发展较快但仍处初级阶段。

外商直接投资是我国最早开放的领域之一，多年来持续增长。外商直接投资规模由 1980 年的居世界第 60 位、占世界外国直接投资总量的 0.1%，上升到 2009 年的第 2 位，占世界的 8.5%（如表 4 - 2 和表 4 - 3 所示）。2011 年，新批设立外商投资企业 27 712 家，同比增长 1.1%；实际使用外资金额 1 160.1 亿美元，同比增长 9.7%（如表 4 - 6 所示）。

表 4 - 6   2011 年非金融领域外商直接投资及其增长速度

行　业	企业数（家）	比上年增长（%）	实际使用金额（亿美元）	比上年增长（%）
总计	27 712	1.1	1 160.1	9.7 .
其中：农、林、牧、渔业	865	-6.9	20.1	5.1
制造业	11 114	0.6	521.0	5.1
电力、燃气及水的生产和供应业	214	1.9	21.2	-0.3
交通运输、仓储和邮政业	413	4.3	31.9	42.2
信息传输、计算机服务和软件业	993	-5.1	27.0	8.5

行　业	企业数 （家）	比上年增长 （％）	实际使用金额 （亿美元）	比上年增长 （％）
批发和零售业	7 259	7.0	84.2	27.7
房地产业	466	−32.4	268.8	12.1
租赁和商务服务业	3518	2.9	83.8	17.6
居民服务和其他服务业	212	−2.3	18.8	−8.2

资料来源：中国商务部。

对外直接投资发展较快，但起步较晚仍处初级阶段。2002 年，中国对外直接投资净额（简称流量）27.0 亿美元，对外直接投资累计净额（简称存量）299.0 亿美元；2010 年，对外直接投资流量 688.1 亿美元，较上年增长 21.7%，对外直接投资存量达 3 172.1 亿美元；2002 ～ 2010 年，中国对外直接投资年均增速 49.9%（如表 4 - 7 和表 4 - 8 所示）。截至 2010 年年底，中国 13 000 多家境内投资者在国（境）外设立对外直接投资企业 16 000 家，分布全球 178 个国家（地区）。

表4 -7　　中国建立《对外直接投资统计制度》以来各年份的统计结果

年　份	流　量	存　量
2002	27.0	299.0
2003	28.5	332.0
2004	55.0	448.0
2005	122.6	572.0
2006	211.6	906.3
2007	265.1	1 179.1
2008	559.1	1 839.7
2009	565.3	2 457.5
2010	688.1	3 172.1

注：2002 ～ 2005 年数据为中国非金融类对外直接投资数据，2006 ～ 2010 年为全行业对外直接投资数据。

资料来源：中国商务部。

表4-8　　　　　中国对外直接投资流量、存量分类构成情况

	流量（亿美元）			存量（亿美元）	
	金额	同比（%）	比重（%）	金额	比重（%）
合计	688.1	21.7	100.0	3 172.1	100
金融类	86.3	-1.1	12.5	552.5	17.4
非金融类	601.8	25.9	87.5	2 619.6	82.6

注：金融类指境内投资者直接投向境外金融企业的投资，非金融类指境内投资者直接投向境外非金融企业的投资。

资料来源：商务部网站。

联合国贸发会议《2010年世界投资报告》显示，2010年全球外国直接投资流出流量1.32万亿美元，年末总量20.4万亿美元，以此为基础计算，2010年中国对外直接投资分别占全球当年流量、存量的5.2%和1.6%，2010年中国对外直接投资流量名列全球国家（地区）排名的第5位，存量位居第17位。2010年年末中国对外直接投资存量3 172.1亿美元，仅相当于美国对外投资存量的6.5%，英国的18.8%，法国的20.8%，德国的22.3%。对外直接投资流向以亚洲地区为主，所占比重为65.3%，其次是拉丁美洲，占比为15.3%（如表4-9所示）。无论从规模还是地区构成等，中国对外直接投资仍需不断提升。

表4-9　　　　　中国对外直接投资流向地区构成

地　区	金额（亿美元）	同比（%）	比重（%）
亚洲	448.9	11.1	65.3
非洲	21.1	46.8	3.1
欧洲	67.6	101.6	9.8
拉丁美洲	105.4	43.8	15.3
北美洲	26.2	72.2	3.8
大洋洲	18.9	-23.8	2.7
合计	688.1	21.7	100.0

资料来源：中国商务部。

4. 中国区域经济一体化不断推进但有待深入。

第一，推动中国—东盟自由贸易区建设。从 2005 年 7 月 20 日起，中国与东盟全面开始关税减让。自 2010 年 1 月 1 日起，中国对东盟总体平均税率由 9.8% 降为 0.1%，东盟对中国的平均税率则由 12.8% 降为 0.6%，双方 90% 以上的商品实现零关税，彼此实质性地开放服务贸易市场。第二，中国智利缔结自由贸易协定。2005 年 11 月 18 日，中智两国签署《中华人民共和国政府与智利共和国政府自由贸易协定》，这是中国同拉美国家的第一个自由贸易安排，两国从 2006 年下半年全面启动货物贸易的关税减让进程。第三，中国与巴基斯坦启动自由贸易区谈判。2005 年 4 月，中巴两国签署《中巴自贸协定早期收获协议》。第四，大湄公河次区域经济一体化启动。2005 年 7 月，大湄公河次区域经济一体化第二次会议在昆明举办，会议批准了《次区域贸易投资便利化战略行动框架》，决定次区域各国将在简化海关手续、协调检验检疫程序、促进贸易物流和便利商务人员流动四大优先领域开展合作。第五，《曼谷协定》变身《亚太协定》。2005 年 11 月，《曼谷协定》第一届部长级理事会在北京举行，各成员国代表共同宣布协定正式更名为《亚太贸易协定》。从 2006 年 7 月 1 日起，各国将提供合计 4000 多个税目产品的关税削减。第六，中国深入参与亚太经合组织。亚太经合组织（APEC）已成为亚太地区最有影响、成员最多、参与层次最高的区域经济一体化组织。中国高度重视参与亚太经合组织合作。第七，内地与港澳的经济融合加速。2003 年 6 月签署的《内地与香港关于建立更紧密经贸关系的安排》和《内地与澳门关于建立更紧密经贸关系的安排》（CEPA）于 2004 年 1 月 1 日起正式实施，2005 年 10 月中国内地与香港和澳门特别行政区政府签署《〈更紧密经贸关系安排〉补充协议二》。第八，大陆与台湾地区经济联系日益紧密。1979～2006 年，两岸贸易平均年递增率高达 36% 以上，两岸经贸合作正朝向更高层次、更广领域发展。为配合对大陆旅游团的开放，台湾金融主管部门批准台湾商业银行进行人民币买卖，从 2008 年 6 月 30 日开始，人民币可在台湾本岛进行双向兑换，启动了台湾金融部门服务大陆游客重要一步，也标志着两岸的金融开放和金融合作正式开启。随着两岸开放的不断扩大，人民币在台湾的流通将会大幅增加。

五、小　结

货币国际化的总收益主要由获得国际铸币税收入、增加国际收支赤字融资能力、获得金融服务收益、减少汇兑支出等收益构成；货币国际化的总成本主要由面临"特里芬困境"、国内货币政策受到约束、资本流动风险增加等构成；净收益则为总收益与总成本之差。为更深入地分析评估货币国际化的收益成本，还需考虑不同衡量边界下的收益成本差异，货币国际化不同阶段的收益成本差异，确定性条件和不确定条件下的收益成本差异，以及提供者和接受者角度下的收益成本差异等。

货币国际化的收益成本模型为分析人民币国际化的动因提供了一个基本的分析框架，引申出的一条思路就是补偿机制，货币国际化一般遵循市场演进和政府推动相结合的模式，市场演进的动力在于实现净收益的最大化；政府推动在于解决市场外部性问题，或通过补贴等手段，改进净收益状况，以吸引更多的市场力量参与本币国际化。

从提供者的角度看，人民币国际化的收益包括：获得国际铸币税收益，增强国际收支调节和宏观经济调控能力，提高我国在国际货币金融领域的影响力，降低货币错配风险和汇兑成本，促进金融机构国际化和企业"走出去"。人民币国际化的成本主要是：存在铸币税区域延伸的逆转风险，增加货币政策的复杂性和操作难度，本国财政政策受到外部约束，国际收支面临逆差维持与币值稳定之间的矛盾，金融脆弱性加大，以及人民币监督管理成本加大等。

从接受者的角度看，他国接受人民币的收益包括：人民币国际化有利于周边国家和地区同中国结成更紧密的经贸利益共同体，共同抵御风险，实现共赢；人民币价值稳定，有利于地区各国经济；中资银行可为周边国家和地区提供良好的金融服务；分享人民币结算网络的正外部性收益。他国接受人民币的成本主要是：国内铸币税的损失，丧失货币政策独立性的损失等。

人民币国际化的条件包括：具有强大的综合经济实力，在国际贸易和投资活动中的重要地位，发达成熟的金融市场，人民币资本项目可兑换，人民币的币值稳定，持续可信的宏观经济政策，强大的政治、军事、文化力量等保障。这些条件仅就一般意义而言，在实践中不能一味地拘泥于所谓条件，还应考虑以下因素：货币国际化的条件具有较强的内生性；货币国际化各条件之间存在替代、交叉、因果和矛盾等关系，不能过于强调逐个条件的约束；推进货币国际化的时机也很重要；货币国际化具有由低到高的不同层次，每个层次所要求的条件大不一样；要重视非经济因素的影响等。

人民币国际化进程的快慢取决于中国的经济规模基础、国际贸易基础、国际投资基础、对外开放基础、经济一体化基础、金融市场基础、货币可兑换基础、宏观调控和政策支持基础等。

第五章 人民币国际化的市场战略与路径

本章侧重分析推进人民币国际化的市场因素。一方面，从提升中国在国际分工体系中地位的角度，论述人民币国际化的市场战略。另一方面，论述人民币国际化的市场化路径，主要是：分别从国际贸易渠道、直接投资渠道分析人民币走出去以及回流的机制；分析银行业作为人民币国际化的重要金融基础，如何走出去以及如何为人民币国际化提供全球性的人民币结算、融资等业务网络；分析如何实现境内人民币金融市场开放和发展人民币离岸金融市场，促进中国成为全球人民币业务和管理的市场提供者。

一、国际分工角度：人民币国际化的市场战略

（一）货币国际化与经济全球化背景

经济全球化体现在经济活动的各个领域，主要有生产的全球化、贸易的全球化、金融的全球化和科技的全球化。生产的全球化是指同一产品或同一品牌产品的生产和制造由分布在世界不同的国家或地区的生产制造部门来完成，实际上就是品牌的跨国化或国际品牌生产的本地化，这种跨国化的主要实现者则来自发达国家的跨国公司。所谓贸易的全球化，是指贸易壁垒在全球范围内的消除，或贸易往来可自由地跨越各国疆界。影响贸易自由的主要因素是国

家之间以关税为主要表现形式的贸易壁垒。美国等国家于 1947 年签订"关税及贸易总协定"（GATT），旨在通过削减关税和其他贸易壁垒，促进国际贸易自由化。该协定于 1996 年正式被世界贸易组织（WTO）取代，这相对于关贸总协定是个进步，前者只适用于货物贸易，后者则涵盖货物贸易、服务贸易及知识产权贸易。我国于 2001 年 12 月正式加入世贸组织。目前，在世界上 220 多个国家和地区中已有 150 个成为世界贸易组织的正式成员，而世界贸易组织的贸易量占到世界贸易总量 95% 以上。金融的全球化是指，金融机构的经营活动跨越国界，实质是放松金融领域的管制，实现全球范围内的金融自由化。金融自由化理论由美国经济学家罗纳德·麦金农和爱德华·肖（E. S. Show）在 20 世纪 70 年代提出，主要内容包括：取消利率管制，使利率完全自由化；取消外汇管制，使汇率浮动完全自由化；放松对各类金融机构经营范围的限制，使金融业务经营自由化；放松对资本流动的管制，实行资本流动自由化等。科技的全球化是指，按照比较优势的原则在全球范围内组织科技研发活动，也指科技开发成果的全球共享，即在一定的规则和条件下科技研究成果的应用是全球性的。科技全球化同生产和贸易的全球化相适应，直接动因是跨国公司的生产和经营国际化，科技全球化直接服务于跨国公司的全球经营战略。

经济全球化的特征有：品牌的跨国生产使世界各国都能享受到发达国家品牌本地化生产带来的好处，同时，来自发达国家的跨国公司通过公司的跨国化也实现了对全球生产活动的控制。贸易全球化和世界贸易组织影响范围的扩大使世界各国间的贸易往来渠道更加顺畅，这一方面使世界各国融入到一个更加自由的全球性市场环境中，为发展中国家发展提供了更多便利和机会，另一方面也使发达国家更容易左右和控制其他国家经济发展。金融全球化使发展中国家更容易吸纳发达国家的资金，但频繁爆发的金融或债务危机表明金融自由化的风险与代价。科技全球化目前的主要内容是跨国公司在其所跨国家实行科技研发和应用的一体化，这与真正意义上的全球科技资源共享相距很远。由此可见，经济全球化就是整个世界正在融入一个越来越不受国家限制、越来越自由的统一的市场中，而随着界限的破除和自由化程度的加深，由发达国家造就的以非国家形式出现的经济体对不发达国家乃至整个世界经济的控制，层面越来越广，程度越来越深。随之要求货币流通打破国界。

货币国际化是经济全球化、经济货币化的产物。一国往往是先有其经济的全球化即生产、贸易、金融、科技的全球化，然后才有货币的国际化。由此，在全球化过程中要处理好货币国际化与其他金融开放、实体经济改革如要素流动、劳动力制度、价格机制改革等之间的关系，并要有恰当的顺序安排。

（二）货币国际化与国际分工体系的关联

自 20 世纪 90 年代以来，经济全球化成为世界经济发展的主流趋势，知识经济迅速崛起，有力促进了国际分工形态不断深化，使得传统的以垂直型分工主导模式向混合型主导模式转变，呈现出产业间分工、产业内分工与产品内分工并存的多层次、多样化的形态。所谓产业间分工，即国际分工在不同产业间进行。如历史上曾存在的发展中国家从事资源类初级产品的生产，发达国家从事制成品的生产。或前者从事劳动密集型产品的生产，如玩具、鞋帽等；后者从事资本、技术密集型产品的生产，如机械、电子等。在该分工形态下，产业边界清晰，形成以垂直分工为特征的国际分工格局。所谓产业内分工，即国际分工依据同一产业内部的产业链条不同环节进行。产业链条可分为三大环节，即技术环节，包括研发、创意设计、工艺及加工技术的提高和技术培训等分环节；生产环节，包括母板生产、系统生产、终端加工、测试、质量控制、包装与库存管理等分环节；营销环节，包括后勤采购、分销物流、批发及零售、广告品牌管理及售后服务等分环节。经过多年的经济转型和产业升级，发达国家致力于研发和品牌营销、控制核心技术环节，而将加工制造环节转移出去，生产结构呈现典型的"哑铃形"；而发展中国家则在全球价值链条中，寻求自己的发展空间，明确自身的发展定位，承接各种产业环节转移，着力于加工制造环节。产品内分工则指，国际分工按照同一产品的不同工序或零配件的不同技术含量进行。发达国家一般承接技术含量高的工序，附加值高的部件；发展中国家则承担低附加值的初级零部件生产，或主要部件依靠进口，完成前后加工装配的工序，其结果是"万国牌"产品的大量涌现。随着国际分工格局的演进，国际分工总体的边界已从产业层次转换为价值链层次，即适应经济全球化的时代特征，这种仍带有垂直因素的水平分工在国际分工体系中已处于重要地位，使得世界各国的生产活动不再孤立进行，而是成为全球生产体系的有机组成部分，成为商品价值链的一个环节。国际分工主导下产业转移的变化与发展如表 5 – 1 所示。

表 5 – 1　　　　国际分工主导下产业转移的变化与发展

国际分工与产业转移	发展与变化趋势
国际分工的历史演变	部门专业化（农业、手工业和商业等生产部门专业化）——产品专业化（单一产品生产）——零部件专业化（单一零部件生产）——工艺工程专业化（单一工艺）——服务专业化（仅为生产过程提供专业化服务）
国际分工单位的变化	以国家为主导——以企业为主导（跨国公司）
国际分工层次的发展	以发达国家为主导，发展中国家广泛参与国际分工垂直分工——水平分工
国际分工形式的发展	以全球贸易网络为主导——以全球生产网络为主导——全球离岸外包（制造业离岸外包——服务业离岸外包）
国际分工产业转移领域的发展	制造业转移（服装、鞋子、家具、玩具、机械零部件、电子产品组装等）——高新技术产业、服务转移（软件、微电子、制药、生物工程、计算机金融、影视文化、教育培训等）
国际分工产业链的延伸	生产、加工环节——服务环节（设计、研发、商业流程、供应链管理、物流、技术信息服务、呼叫中心业务、金融服务、人力资源服务等）
国际分工价值链的提升	低端（低附加值、低技术含量、劳动密集型）——高端（高附加值、高技术含量、知识密集型）

国际分工体系事关一个国家的发展空间和发展定位，货币地位本质上反映的是一国在国际分工体系中的地位，最终也由后者决定。本杰明（Benjamin，1999）综述了促使一种货币成为国际货币的主要因素，具体机制是：凭借国际分工地位的优势，使其他国家产生对本国商品的需求，进而引起外国居民对本币的需求，这种货币需求的扩大提升了该货币在国际金融市场上的地位，使其发展成外汇市场的载体货币，甚至成为储备货币。由于国际货币的流通范围和使用程度根本上是各国在分工优势方面竞争的结果，因此并不存在单一供给者的主导。李婧（2009）认为，国际货币的背后是这样一种经济系统：国际货币发行国具有良好的制度安排，从而使得市场交易效率与分工程度形成了良性循环。在此基础上造就了国际分工中具有强势地位的国家，而货币国际化就是其分工体系在国际上的进一步扩展。一个国家在国际分工体系中的地位，可从均量和总量方面分析。均量指标代表了该国劳动生产率、技术水平、经济发展阶段等质量因素，而总量指标代表了该国经济规模数量。发达国家和发展中国家之间的主要差异在于均量指标，发达国家内部间的差异主要在于总量指标。美元在国际分工体系中的优势地位包括：庞大的经济规模；较强的经济系统自我完备性，表现为对外贸易依存度较低；经济系统参与国际分工的程度较深，表现为人均商品和服务进出口数额很高，产品处于国际分工链条的高端，并占有优势地位。

与当前国际分工格局相对应的国际货币体系被称为"美元体制"，即由不能与黄金兑换的美元发挥关键货币功能的国际货币体制以及在此基础上由以美元为核心的短期及中长期国际信用循环所形成的国际货币体系。图5-1描述了当前美元霸权主导下的"中心—外围"架构。美元依然占据中心位置，位于该架构外围的主要有两类国家：一类是执行出口导向战略的国家（主要是东亚国家），这些国家把美国作为最主要的出口市场，通过经常项目顺差累积了大量美元储备，并以购买美国国债的形式保有，而美国通过

输出美元获得东亚国家的实际资源；另一类是欧洲国家和拉美国家
（包括部分 OPEC 国家），这些国家购买了大量由美国公司或美国
政府发行的证券，美国向外围国家融入了大量资本，并运用于国内
建设或外国直接投资。在该体系下，中心国家享受了更多的收益
（如铸币税和通货稳定），而外围国家承担了更多的成本（如资源
输出、通货膨胀和金融危机），收益与成本不对等，外围国家日益
边缘化，维持系统相容性的任务理论上过多地集中于中心国家。而
实际上作为中心国家的美国，在享受美元霸权收益的同时，经常拒
绝履行维持系统相容性的责任和义务。国际货币体系的不平衡使得
全球金融体系处于不稳定状态之中，集中表现为在该体系下多次爆
发的货币金融危机。过去 25 年间，大约有 80～100 个国家出现过
金融危机（斯蒂格利茨，2003）。

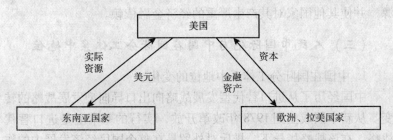

图 5 - 1　美元霸权主导下的"中心—外围"架构

随着布雷顿森林体系的解体，美元不再具有法定意义上的国际
本位货币地位，而且伴随 20 世纪 80 年代欧洲和日本经济的发展以
及欧洲货币一体化进程的加快，美元的吸引力有所下降，但到 90
年代初，"美元体制"又呈现明显的复归态势。目前，美元的霸权
地位仍难以撼动。主要有以下原因：一是作为霸权国家的美国优先
享受到"冷战"结束的和平红利。"冷战"的结束使美国政府的美
元政策发生转变，即美国试图在新的国际政治经济形势下通过恢复
美元的强大、关键货币的地位，通过流动性巨大的金融市场，有效
地实现国际资本的回流。二是 1987 年美国股灾后，投资机构化现

象趋强。这些机构投资者具有很高的专业化水平，能在全球范围内敏锐捕捉投资机会，利用由"华盛顿共识"和国际组织施压所造成的部分发展中国家开放金融市场的机会，将资金大举投向新兴市场国家，形成了全球范围内以美元为核心的信用循环机制。三是欧洲货币体系形成后，新兴市场经济体特别是东亚各国和地区成为美元信用循环体系，进而成为"美元体制"复苏的最重要支持者。它们对由美国出口顺差获得的美元资金，一部分用于进口资本品，另一部分则投资于美国国债和其他金融产品，作为外汇储备存放在美国。事实上，当今美国是个典型的掌控金融霸权的"金融国家"，相对而言，包括日本、中国在内的国家则属于"贸易国家"。美国不是依靠战争，建立和控制、掠夺殖民地而成为世界大国，它依靠的是一个资源培植效率极高的自由市场体系，以调置世界资源，并使其他国家对其产生严重的经济金融依赖。

（三）人民币国际化与中国在国际分工体系中地位

1. 中国在国际分工体系中地位的变化。

中国经历了从进口替代型发展战略向出口导向型发展战略的转变。从新中国成立到 1978 年改革开放，实行的基本上是进口替代战略，在该战略指导下，排斥对外贸易在整个国民经济发展中的作用。改革开放以后，转为实行出口导向型发展战略，逐步推行开放政策，推动贸易自由化，发挥自身劳动密集型产业的优势，采取出口补贴等手段积极鼓励出口，不断提高参与国际分工和国际经济体系的程度，加大了利用外资和国外先进技术的政策优惠力度。

中国正在成为整个东亚产业分工的枢纽。目前在全球范围内形成了相互关联的四个层次的产业循环和贸易循环：美国自其他发达国家进口资本品，自新兴工业化和发展中国家进口消费品，存在巨额逆差；其他发达国家向美国出口资本品，自新兴工业化和发展中国家进口消费品，最终经常账户存在或多或少的顺差（欧元区在2004 年前的多数时间内一直为顺差）；新兴工业化和发展中国家自发达国家进口资本品并向后者出口消费品，形成一定顺差；石油等资源充裕国则向商品主要生产地国家出口能源、原材料而形成顺差。中国成为美国经常账户逆差的最主要来源地之一，同时，在东亚产业分工体系中扮演了与以往不同的角色。一方面，中国在整个东亚以及世界产业分工体系中的地位与以往的日本有较明显的差异，因此要更加谨慎地看待中国的贸易地位。尽管中国与20世纪90年代中期的日本一样，都需要进口初级产品用于国内生产，但当时日本直接由本国厂商利用在制造业方面比较优势获得对美顺差，其主要出口品已经包括零部件、半成品在内的资本品。而现阶段中国更多地通过进口资本品，尤其从日、韩等东亚国家进口资本品，在中长期内中国将保持既有贸易优势并逐步扩大对东亚经济体的出口替代空间。另一方面，中国的劳动力成本等巨大优势一直在新兴市场国家中较为有利，使得原本由新兴工业化国家和其他发展中国家向美国提供的最终产品，越来越多地集中到中国进行最后的加工生产，使得中国对美出口一定程度上替代了其他东亚经济体的对美出口。中国的加工出口能力越强，对零部件、中间品等资本品的需求就越大，导致中国从发达国家以及其他东亚经济体进口资本品的规模不断扩大，进而成为区域内最重要的资本品市场。由此形成的东亚区域分工生产体系，促使该地区出现了由东亚新兴经济体（也包括一些发达国家）向中国出口资本品（主要是零部件、中间产品及部分原材料），由中国进行加工组装并向美国等发达国家出口最终制成品的新"三角贸易"模式。

　　中国对外贸易发展也遇到不少困难。一是贸易条件趋于恶化。贸易条件不仅反映一国获利程度的高低，而且可以反映一国出口竞争力的优劣。制成品贸易条件的下降导致我国整体贸易条件下降。中国同其他亚洲国家的国际分工存在相似的出口结构，过度的竞争导致出口品价格的下降，我国出口的产品质量较低，导致了低廉的价格和附加值。在全球一体化的国际生产体系中，中国的加工生产多属于下游、简单的加工阶段，所产生的附加值主要来自劳动力简单支出，产品技术含量的增加值不高，使得出口价格上涨缓慢。二是贸易摩擦频繁。中国对外贸易的快速发展对国际市场的压力扩大，出口仍以劳动密集的低附加值产品为主，这些产品的大规模出口会冲击发达国家的劳动力市场，引发这些国家的就业问题，导致贸易摩擦扩大。三是外贸依存度过大，经济发展过于依靠外需。外贸依存度提高是出口导向战略实施的结果。较高的外贸依存度意味着我国经济有较大比重依赖于国际市场，当世界经济发生剧烈波动和国际政治出现重大事件时，我国经济将面临较大的国际经济政治风险，特别是当前我国进出口市场集中于少数发达国家和地区，增加了经济运行的不确定性。

中国要在全面参与国际贸易活动中，进一步优化进出口商品结构。在新的国际贸易格局下，需要以全新视野来看待出口商品结构优化，改变以出口什么产品来判断出口结构优劣的传统观念，不能片面认为在出口产品中工业制成品比率若得到提高，初级产品或农副产品比率下降，出口结构就达到优化。事实上，有些发达国家成为农产品出口大国，已从反面证明了这一点。当前，中国出口商品中工业制成品比例已相当高，但科技含量不高和附加值不大，关键是进一步提升出口产品技术含量，在世界同类产品中具有竞争优势，力争在世界主流市场上占有一席之地。同时，围绕结构转型不断优化进口结构。

2. 人民币国际化要保持同中国国际分工地位变化的适应性。

一国货币职能的发挥跨越国界，仅是外延扩展和表面现象，根本上是该国贸易竞争力和国际分工地位提高的结果。就人民币国际化而言，一是其推进程度要同中国国际分工地位的提升在战略上结合成一个整体。尽管国际分工地位的强势最终会形成货币优势，但不可被动等待，应深入分析当前国际分工格局下人民币国际化的现实和潜在空间，抓住时间窗口及时跟进；同时，通过推动人民币国际化，促进贸易便利化，使其成为国际分工地位提升的重要手段。二要突出阶段性的重点。中国由生产大国、发展到贸易大国，由贸易大国、发展到贸易强国，由贸易强国发展到金融大国，由金融大国发展到金融强国，这将是一个漫长的动态变化过程。人民币国际化是其中的一个组成部分，在不同的发展阶段有不同的推进重点。货币国际化涉及面甚广，所有目标不可能在同一时点实现。关键在于要有正确的顺序安排，并把握不同发展阶段对人民币国际化的需求和机会，在整体规划下分步实施。三要发挥自身的独特优势。中国正在推行的扩大内需战略，经济结构的加快调整，将会逐步带来国际分工地位的强势，为全球提供巨大的市场，加上低成本劳动力等方面的优势，无疑会提高人民币的国际竞争力。为此，人民币国际化应同扩大内需战略、劳动力等要素市场发展等战略紧密结合。

3. 建立人民币"走出去"与"流回来"的跨境流通机制。

货币国际化需要相应的跨境流通机制。通过经常项目提供本币的流动性，对一种国际货币意义重大。借助进口等途径在提供本币流动性的同时，可获得国际铸币税收入。不仅如此，交换媒介职能尤其是私人部门贸易的载体货币功能，是国际货币其他职能的基础。凭借交换媒介职能，可将本国的实体经济市场网络扩展到国外，从而强化本国的国际分工地位，形成良性循环。美元正是通过经常项目逆差的途径，既获得了可观的国际铸币税收入，更为其他国家提供了美元流动性；基于美元广泛发挥作用的交换媒介职能，其计价货币和贮藏货币职能得以强化，并在各领域全面发挥国际货币职能。与此同时，资本输出是提供本币流动性的另一种方式。通过资本项目逆差输出本币，往往意味着对本国以制造业为主的实体经济的需求增加，导致本国实体经济增长；而通过经常项目逆差输出本币，在黄金非货币化的条件下，意味着对本国实体经济的需求减弱，对本国虚拟经济的需求增大，可能导致本国制造业外移和经济的虚拟化。

建立人民币跨境流通机制离不开我国的"走出去"战略。"走出去"一般是指使中国的产品、服务、资本、技术、劳动力、管理以及企业走向国际市场，参与国际竞争与合作。实施"走出去"

战略，有利于我国经济结构的战略性调整，既拓宽我国经济结构调整的空间，又便于集中力量发展更高层次的产业，促进产业升级；有利于开拓国际市场，充分带动货物、技术和服务出口，提高市场占有率，在国际分工和合作中取得有利地位；有利于推动我国更深层次地参与国际经济合作，与其他国家和地区开展多种形式的贸易投资合作和其他经济技术合作；有利于加快境外资源开发合作与综合利用，为我国提供相对稳定的重要资源来源，一定程度上缓解国内由于经济发展带来的资源不足压力；有利于开展跨国经营，培育自己的跨国公司，绕开有关国家的贸易壁垒，减少贸易摩擦。货物、服务等实体经济的"走出去"会相应产生金融"走出去"的需求，也为后者提供了支撑。为此，人民币"走出去"要成为"走出去"国家战略的重要组成部分，全方位地服务于对外经贸活动的需要，服务于企业"走出去"的需要。

建立人民币跨境流通机制需要中国向"市场提供者"的角色转变。一方面，中国要从"世界工厂"走向"世界市场"，逐步成为全球的最终消费品市场提供者。始终维持大量贸易顺差不利于人民币输出。要在保持经济持续稳定增长的前提下调整贸易结构，减少低端价值链和加工贸易的比重，逐步转向出口中间产品和进口最终产品的贸易模式；在提高国民收入的同时减少城乡差距、地区差距和国民收入水平差距，提高居民的消费倾向，扩大内需；在合理降低中国外贸依存度的同时，提高最终消费对国内生产总值的贡献率，逐步由贸易拉动型的经济增长模式转变为内需拉动型的经济增长模式。另一方面，要扩大金融市场的对外开放，允许非居民参与国内金融市场活动，逐步成为全球人民币金融产品和交易的最终市场提供者。

从近期看，可重点通过以下渠道建立人民币跨境流通机制。一是继续发挥国际贸易渠道的作用。二是加大资本输出力度。我国国际收支已持续多年大额顺差，外汇储备高企与对外直接投资、对外贷款规模之小形成了鲜明对照，为此，应大力推动人民币的对外投融资活动。三是人民币既要"走出去",也要在境外留得住,还要能正常回流,尽量将相关环节衔接起来。具体的渠道分析本章的后续部分将详细阐述。

二、人民币跨境流通机制:经常项目渠道

(一) 货物贸易渠道

1. 中国的货物贸易分布。

从进出口地区看,2006 年以前,美国是中国最大的出口地区;2006 年以后,欧盟开始超越美国,成为中国最大的出口地区。2003 年以前,中国香港排在中国出口地区第二位,欧盟次之,日本名列第四位;2003 年以后,中国香港所占比重小幅下降,退至第三位,日本所占比重有一定程度减少,与东盟接近,基本上徘徊于第四、第五位,东盟、韩国所占比重基本稳定,分别处在第五位、第六位水平(中国出口地区分布如表 5 - 2 所示)。2000 ~ 2010 年期间,日本始终是中国最大的进口国,欧盟一直位列第二,中国台湾、东盟、韩国交替位居第三位,美国所占比重一直稳定在第六位(中国进口地区分布如表 5 - 3 所示)。

表 5 - 2　　　　　　　中国出口地区分布　　　　　　单位:%

年份	美国	欧盟	日本	韩国	东盟	中国台湾	中国香港
2000	20.92	15.32	16.70	4.53	6.94	2.02	17.87
2001	20.37	15.36	16.90	4.70	6.96	1.88	17.44
2002	21.48	14.80	14.89	4.76	7.24	2.02	17.96
2003	21.10	16.44	13.56	4.59	7.06	2.06	17.41
2004	21.05	17.62	12.39	4.68	7.23	2.28	17.03
2005	21.37	18.86	11.03	4.61	7.27	2.17	16.33
2006	21.00	18.77	9.47	4.60	7.36	2.14	16.04

年份	美国	欧盟	日本	韩国	东盟	中国台湾	中国香港
2007	19.11	20.13	8.38	4.61	7.74	1.93	15.13
2008	17.66	20.50	8.13	5.17	7.99	1.81	13.35
2009	18.38	19.66	8.15	4.47	8.85	1.71	13.83
2010	17.95	19.72	7.67	4.36	8.76	1.88	13.84

资料来源：中国商务部、中国海关。

表5-3　　　　　　　　　　　　中国进口地区分布　　　　　　　单位:%

年份	美国	欧盟	日本	韩国	东盟	中国台湾	中国香港
2000	9.94	13.70	18.45	10.31	9.85	11.33	4.19
2001	10.76	14.63	17.58	9.61	9.54	11.23	3.87
2002	9.22	13.06	18.11	9.68	10.56	12.90	3.65
2003	8.20	12.86	17.96	10.45	11.46	11.95	2.70
2004	7.96	12.34	16.80	11.08	11.23	11.55	2.10
2005	7.38	11.14	15.22	11.64	11.36	11.31	1.85
2006	7.48	11.41	14.63	11.34	11.31	11.01	1.36
2007	7.31	11.61	14.00	10.88	11.33	10.56	1.34
2008	7.20	11.74	13.32	9.91	10.34	9.13	1.14
2009	7.70	12.71	13.02	10.20	10.61	8.52	0.87
2010	7.32	12.08	12.67	9.92	11.08	8.29	0.88

资料来源：中国商务部、中国海关。

　　从外贸依存度看，1990～2006年期间，中国的外贸依存度由1990年的35%上升到2006年的72%，在全世界最高；美国一直维持在20%到30%之间，1990年为21%，2006年为28%；日本与美国类似，1995年最低，为17%，2006年最高，为30%（如表5-4所示）。这在一定程度上反映出中国经济增长过多地依靠贸易贡献。中国的贸易结构本身不利于内需发展，本国资源过多地被贸易伙伴国消耗，也不利于中国长期的经济增长和成为东亚地区的最终产品市场提供者。

表 5 - 4　　　　　　中国、日本和美国外贸依存度　　　　单位:%

年份	中国	日本	美国	年份	中国	日本	美国
1990	35	20	21	2003	57	22	24
1995	44	17	23	2006	72	30	28
2000	44	21	26				

资料来源：转引自《人民币区域化问题研究》第 227 页。

从中美贸易结构比较看（如表 5 - 5 和表 5 - 6 所示），1995 ~ 2007 年期间，美国的贸易结构一直稳定，出口以加工品、零部件和资本品为主，消费品出口所占比重不高，初级产品出口更少；而进口始终以消费品为主。而中国的贸易结构刚好与美国相反，消费品出口占比重最大，1995 年高达 48%，2007 年仍为 29.7%，加工品出口次之；消费品进口所占比重最小，1995 年为 5.6%，2007 年仅为 4.5%，而加工品进口占比重一直最大。中国要成为最终产品市场提供者还有很大差距。

表 5 - 5　　　　　　中国和美国的贸易出口结构比较　　　　单位:%

出口	中国			美国		
	1995 年	2001 年	2007 年	1995 年	2001 年	2007 年
初级产品	5.2	3.4	1.1	8.4	5.2	7.7
加工品	27.6	21.8	23.8	25.0	24.5	28.5
零部件	7.2	14.0	17.4	28.9	31.5	24.8
资本品	12.0	18.4	28.0	21.3	22.9	22.2
消费品	48.0	42.4	29.7	16.4	15.8	16.8

资料来源：转引自《人民币区域化问题研究》第 221 页。

表 5 - 6　　　　　　中国和美国的贸易进口结构比较　　　　单位:%

进口	中国			美国		
	1995 年	2001 年	2007 年	1995 年	2001 年	2007 年
初级产品	9.8	12.3	19.9	8.8	9.8	15.6
加工品	44.2	37.7	27.8	21.6	21.8	23.8
零部件	14.5	25.3	29.5	21.3	17.3	14.3
资本品	25.9	20.3	18.3	18.2	18.2	16.7
消费品	5.6	4.4	4.5	30.1	32.9	29.5

资料来源: 转引自《人民币区域化问题研究》第 222 页。

　　从中国与东亚经济体的贸易关系看，中国是贸易顺差大国，2010 年贸易顺差 1 831 亿美元，但顺差主要发生于对美欧贸易。在东亚地区，除中国香港外，中国对日本、东盟和中国台湾都保持逆差，且这种趋势不断加强。2010 年，中国对上述国家和地区贸易逆差达 2 276.53 亿美元，是 2001 年的 6.34 倍。东亚 7 个经济体对中国的最终产品出口占其最终产品出口总额变动情况如表 5 - 7 所示。自 1999 年以来，美国在东亚 7 个经济体最终产品出口中所占比重总体上有大幅下降趋势，中国则逐步上升，日本所占比重还是超过中国。

表 5 - 7　　　　　　中国、日本和美国在东亚经济体最终
产品出口中的比重变动　　　　单位:%

出口	中国内地			日本			美国		
	1999 年	2003 年	2007 年	1999 年	2003 年	2007 年	1999 年	2003 年	2007 年
韩国	2.63	4.14	5.20	16.59	8.49	4.81	30.29	36.62	22.59
新加坡	3.08	4.57	9.34	11.45	6.61	8.52	16.43	14.37	8.62
菲律宾	0.70	1.99	1.04	13.83	11.60	11.01	57.04	47.89	41.97
泰国	1.43	1.77	2.72	16.73	16.70	11.76	30.97	27.69	20.83
马来西亚	0.59	1.22	2.05	13.18	9.93	5.97	28.25	26.42	18.92
印度尼西亚	1.47	0.91	1.72	11.62	11.92	7.63	29.97	31.85	33.62
中国香港	9.53	11.65	11.95	7.16	8.09	6.61	38.21	36.96	31.53

资料来源: 转引自《人民币区域化问题研究》第 206 页。

2. 大力发展跨境贸易人民币结算业务。

要充分发挥货物贸易作为人民币跨境流通主渠道的作用。货物贸易过去一直并将在今后较长一段时期内占据我国对外经贸活动的主导地位。跨境贸易人民币结算试点自 2009 年 7 月启动以来，业务量稳步增长，2010 年货物贸易人民币结算金额占同期进出口总额的 2.5%，2011 年 1 ~ 12 月，该比重快速上升至 6.6%。开展跨境贸易人民币结算是促进贸易便利化的重要途径，更是培育人民币的国际货币职能的基础。为此，当前应大力发展跨境贸易人民币结算业务，可重点采取以下措施：

一要不断提升进出口贸易的国际竞争力，以此增强国际贸易结算货币的选择权。在货物出口方面，努力增加产品的科技创新含量和附加值；在货物进口方面，要以中国成为全球最终产品市场提供者为目标，更加突出强调扩大内需和扩大进口的战略，加强行业内的协调，提高铁矿石、原油等大宗商品进口的国际议价能力；在进出口贸易便利化方面，不断完善跨境贸易人民币结算试点，加强人民银行、海关、税务等职能部门的沟通协作，通过简化手续等方式，不断便利企业的人民币结算。二要重点加强同东亚地区的经济贸易和货币合作。中国开始在东亚地区部分扮演最终产品市场提供者的角色，这有利于人民币通过经常项目流入东亚经济体，促进东亚地区各国接受和使用人民币。三要加大政府国际采购招标人民币结算的力度。各级政府从使用人民币防范货币风险、维护国家金融安全和长远利益的角度出发，通过多层面的沟通协调，形成政策导向合力和预期，加大在国际采购招标中使用人民币结算的工作力度。尤其是对政府采购中依法采购进口产品的，要将以人民币结算纳入工作的重点内容和内部管理环节，并在政策指引、采购商品目录、财税支持及风险管理等方面落实进口项目使用人民币结算的具体事项。四要加大对人民币结算需求较大的重点企业和重点行业的推进力度，有针对性地加强对重点项目的跟踪和辅导，帮助企业实现自身经营发展战略与跨境贸易人民币结算策略的有机结合，有力推动跨境人民币业务的开展。

（二）服务贸易渠道

近年来，我国服务贸易较快发展。2006～2010 年，我国服务贸易进出口总额从 1 917 亿美元增长到 3 624 亿美元，增幅达89%，年均增长 17.3%，全球占比从 2006 年的 3.6% 增长到 2010年的 5.1%，世界排名由第八位上升到第四位。但必须看到，我国服务贸易总体水平还不高，服务贸易企业在品牌、专利技术等自主知识产权方面仍缺乏核心竞争力，服务贸易发展面临较大挑战。

今后应实现促进服务贸易便利化和推进服务贸易项下人民币结算的有机结合。2010 年，我国服务贸易和其他经常项目项下人民币结算金额为 683.02 亿元，2011 年 1 月至 12 月，结算金额达5 202.2 亿元，呈现出快速增长势头。为不断扩大服务贸易人民币结算的比重，今后可重点采取以下措施：一要充分发挥传统服务贸易项目的竞争优势，努力推广人民币结算试点。运输、旅游、建筑和其他商业服务是我国的传统优势产业，与香港地区和东盟国家的贸易互补性较强，贸易量增长较快，可通过允许使用人民币支付运费等相关费用、适当提高携带人民币出入境的限额、鼓励企业以带资承包方式承揽境外项目等措施，争取实现服务贸易项下人民币结算的突破。二要引导和鼓励金融机构加大对服务贸易项下人民币结算和融资的支持力度，积极搭建中小企业融资平台，推出更多适合服务贸易企业融资需求和发展特点的金融产品。三要随着国际旅游的快速发展，大力促进银联卡的境外使用，便利旅游项下的支付。

（三）对外援助渠道

对外援助不仅是促进援助国与受援国友好关系、解决全球公共问题的重要方式，而且具有带动互利合作的独特功能。所有西方发达国家、经济合作与发展组织成员国以及部分发展中国家，都对外提供官方发展援助。在一国货币国际化初期，对外援助往往发挥了重要作用，并且政府在其中起着较大推动作用。比较典型的有：

一是马歇尔计划与美元国际化。第二次世界大战结束后，欧洲各国工业生产与出口能力几乎瘫痪，人民生活水平急剧下降，国际储备很少，急需大量用于进口的美元。1947 年，美国出于政治经济因素的考量，提出了"欧洲复兴计划"，俗称马歇尔计划，向欧洲盟国提供资金、技术以及物资援助。马歇尔计划的实施，不仅直接增加了美国出口，帮助美国在战后消化过剩产能，客观上也促进了美元的国际化。二是日本官方发展援助与日元国际化。亚洲地区是日本经济援助的重点地区，1980 ~ 1981 年亚洲获得的经济援助占日本经济援助总额的 73.6%；1990 ~ 1991 年该比例为 66.6%，2000 ~ 2001 年为 72.1%，这与亚洲地区作为日本对外投资和贸易的主要对象有着直接联系。

近年来，我国对外经济技术援助规模日益扩大。截至 2009 年年底，中国共向 76 个国家提供了优惠贷款，支持项目 325 个；与非洲、亚洲、加勒比和南太平洋地区的 50 个国家签署了免债议定书，免除到期债务 380 笔，金额达 255 亿元人民币。中国同国际社会在国际发展援助方面的互动合作也日益频繁。我国已建立了包括政府、企业、银行在内的多元化援外主体模式，实现了援外资金来源多元化和援助方式多样化。在对受援国提供援助的同时，我国还采取各种措施鼓励本国企业到受援国投资，积极扩大从受援国进口。新的对外援助形式也为中国企业带来了大量的承包工程和劳务合作业务，带动了中国对外贸易和对外投资的发展，如中国石油天然气总公司、吉林森工集团、东风汽车公司等都是依托对外援助走出国门，为实现跨国经营提供了契机，真正实现了对外援助、贷款和对外投资的有机结合。

我国今后应将对外援助与跨境人民币业务发展更好地结合起来。目前，我国对外援助面临一些问题：一是对外优惠贷款中的人民币仅限于单边结算。我国援外资金的使用方式主要包括无偿援助、无息贷款和优惠贷款。优惠贷款由中国进出口银行提供本金，政府进行财政贴息。受援国在项目资金使用、从中国采购或引进项目所需物资、技术或服务、本金偿还和支付利息基本实现了以人民币结算，但仅限于单边结算，即我国与受援国之间实行人民币结算，受援国与受援国之间其他经贸往来仍按当地货币结算。今后，要鼓励受援国之间日常经贸往来使用人民币结算，促进人民币在受援国地区多边支付网络的形成。二是人民币尚未进入国际多边援助体系。目前国际援助体系由双边援助和多边援助机构组成，其中双边援助机构提供总援助支出的70%，多边援助机构提供余下的30%。我国积极参与多边援助，但援助力度不够，涉及范围不广，特别是多边援助往往以美元为主，人民币尚无法作为国际多边援助体系的结算货币。今后，要加强同国际组织的合作，向这些组织提供人民币资金，可先从与我国经贸往来频繁的国家做起，让受援国以人民币资金支付从我国进口的货款，再逐步扩大人民币在受援国之间的使用范围。

三、人民币跨境流通机制：直接投资渠道

（一）人民币国际化与跨国公司发展

跨国公司是影响国际分工格局的重要力量。国际分工体系是一个由世界市场机制协调的国际分工和由跨国公司内部国际分工共同构成的混合体。跨国公司通过对世界市场协调机制的部分替代，将一部分国际分工转化为跨国公司内部的国际分工。跨国公司内部国际分工在20世纪80年代后半期前，一般采取水平分工和垂直分工两种基本形式，以及水平分工和垂直分工两种形式的结合。前者也称为差别化分工，后者称为工序间分工。一般认为跨国公司内部水平型分工旨在越过各种贸易壁垒，节约运输成本，在产品质量、性质、设计、销售条件及售后服务等方面适应各国多样化需求，获得非价格竞争能力。工序间分工目的是把生产经营活动分散到国际间

成本最低、最能获利的区域，以便获得东道国比较优势收益和特定商品集中生产所带来的规模效益。20 世纪 90 年代以来，随着经济全球化浪潮和知识经济时代的到来，跨国公司内部国际分工出现了网络型国际分工这种新形式，跨国公司母公司通过互联网络，将分散在全球各地的生产和销售子公司连接起来，在母公司与子公司以及子公司之间相互依赖关系的基础上形成平等、松散的集团公司，在公司集团内部实行国际分工，以便在全球范围内对产品和零部件的生产以及资本、技术等经营资源的流向进行更有效的动态合理安排，实现跨国公司经营活动的最佳区位配置。

人民币国际化与跨国公司发展密切相关。一是当今以发达国家为主导，以跨国公司为载体的全球范围内的新一轮产业结构调整仍在蓬勃展开，而中国产业发展早已进入按国际分工结构来选择和实施战略性调整的关键时期，只有在面向全球、参与国际分工和国际竞争中才能进行有效的战略性调整。中国产业结构调整不单纯是一个生产和技术问题，更是一个体制和机制问题，需要金融资本的支持和配合，人民币国际化则是其中的重要组成部分。二是跨国公司与国际金融活动联动发展，按照内源融资规律，跨国公司一般对内部资金实行集中管理，全球资金业务网络发达。人民币应积极成为跨国公司内部交易的结算和投融资工具，借助其全球网络，将人民币的境内、境外流通连接起来。三是把握好跨国公司"请进来"与"走出去"的阶段性特点，带动跨境人民币业务。重点促进在境外直接投资和外商直接投资领域的人民币跨境使用。

（二）境外直接投资渠道

随着改革开放的逐步深入，越来越多的企业瞄准国际市场，积极走出国门，参与国际分工，开展跨国经营。从 20 世纪 70 年代末 80 年代初开始，中国的对外投资从无到有、从小到大，快速发展，已成为发展中国家的对外投资大国。《中华人民共和国国民经济和社会发展第十二个五年规划纲要》明确提出，加快实施"走出去"

战略，逐步发展我国大型跨国公司和跨国金融机构，提高国际化经营水平，扩大人民币在跨境贸易和投资中的使用。

在"走出去"战略的框架下，可以按照先易后难、逐步递进的原则，积极推动使用人民币进行对外直接投资。一是结合人民币汇率长期升值趋势、外汇储备充分等有利条件，加快对外直接投资，带动人民币"走出去"。二是考虑到开发海外资源、基础设施等是我国对外直接投资的热门领域，除使用人民币资金投资外，加大国内银行向海外开发性投资项目提供人民币融资的力度。三是鼓励和扶持国内优秀企业跨国经营，培育有国际竞争力的对外直接投资主体，支持其扩大对外投资。通过不断扩大以人民币对外直接投资的规模，增强人民币对全球市场的影响。四是结合跨境人民币业务发展，积极与有关国家就人民币投资开展双边或多边磋商，签署政府间投资协议。

（三）外商直接投资渠道

应不断提高利用外商直接投资的质量和效益。抓住经济全球化进程中世界产业结构大调整的机遇，从中国国情出发，使利用外资切实为中国产业结构战略性调整升级服务。破除劳动密集型产业一定是技术落后产业，以及发展高新技术产业就无法利用中国低成本劳动力资源的传统观念，正视发达国家正在运用高技术改造劳动密集型产业，以及即使在资本、技术密集包括高技术产业中也有劳动密集型的生产环节这一事实，把发达国家技术先进的劳动密集型产业包括高技术产业中的劳动密集型生产环节转移到中国。同时，在国内努力发展技术含量高的劳动密集型产业，以及高技术产业中的劳动密集型生产环节，这不仅能提高中国产业的整体竞争力，而且可以在较长时间内因中国地区结构差异较大而保持劳动力低成本的优势，并解决重要的就业问题。通过与国外跨国公司战略合作和吸引其在中国设立研发机构，吸收国外成熟的高新技术，结合自主技术创新，在此过程中使中国高新技术产业跟上全球技术更新发展的潮流，不断保持技术的先进性，并壮大中国专业技术和管理人才队伍。

随着利用外资质量的提高，应扩大人民币在外商直接投资中的使用。经过多年发展，外商直接投资已成为中国对外开放的重要组成部分，达到了较大的投资规模，并持续保持较快增长的势头，可构成境外人民币回流的一个重要渠道。外商直接投资行为比较稳定，国内对其有一套成熟的管理体制，利用其进行跨境套利等投机性活动的可能性不大，所以外商直接投资也是境外人民币回流的一个合适渠道。要对外国投资者以人民币进行境内直接投资的所有环节进行梳理，确保全流程畅通，从而促进外商直接投资成为境外人民币回流的主渠道。

四、人民币跨境流通机制：银行业渠道

（一）人民币国际化与银行国际化的关联

银行国际化是指，银行从事国际金融业务，到海外建立机构开展业务，其经营由国内发展到国外，从封闭走向开放的过程。银行国际化理论主要借鉴跨国公司行为理论，其理论基础为国际贸易理论和产业组织理论，在此基础上发展出诸多分支理论。

根据内部化理论，跨国银行是将市场的不完美内部化的载体。市场的不完美带来了中间产品交易的低效率，由于银行业中间产品本身（知识、技术业务专长以及与客户的良好关系等）的可交易性差，银行可通过有效的管理手段和组织结构，把银行的外部交易转变为内部交易，以降低成本、保护无形资源的价值、保持银行经营的更大弹性。市场的不完美包括管制、信息和前台职员。对国际资本流动限制的存在，迫使资金在组织内部转移，在国外建立分行则内部化了这种管制；如果缺乏提供客户信息的市场，在客户所在地建立分行的内部化行为则是明智选择；前台职员代表了银行的信

息团队和技术结构，将分支机构建立在离客户尽量近的地方至关重要，可加强信息交流。

李杰、满星程（2009）将银行"走出去"的动机分为两类。第一类是刺激—反应式动机，指银行对于境外市场的扩张，主要是一种基于组织内外部情况变化而作出的战略反应，是银行为保持比较竞争优势而作出的防御性决策。具体有三种动机：（1）追随客户动机。每家银行都致力于增加客户资源，并避免已有客户的流失。一旦原有客户出现新需求，银行会尽量满足，以保证客户基础的稳固。银行国际化是在客户国际化的刺激下，银行为保持客户基础而作出的反应。东道国银行不能为母国国际化的企业提供服务，母国银行就有必要跨出国门，母国银行跟随客户国际化，能降低客户被东道国银行夺走的可能性，可以扩大母国银行内部化的优势，共同为银行和客户提供利润增加的机会。（2）竞争追随动机。银行与竞争对手之间一般形成了一种竞争行为的制衡。竞争对手国际化行为将触发彼此之间的国际化扩张，为保持相对竞争地位，银行在努力提高自身实力的同时，还需要密切观察竞争对手的行为并作出相应反应。（3）管制动机。管制意味着银行经营存在边界。银行在利润最大化目标的驱动下，必然存在规避管制而扩大经营边界的动机。不少银行国际化，就是为规避本国的某些限制。第二类是资源—内驱式动机。指银行在内部实力的基础上，主动开拓市场。原因在于，银行认为母国市场接近饱和或进一步发展的机会很小，这时若境外市场条件优越，能满足银行拓展境外市场的要求，内部也具备相应条件，银行将主动进行境外市场开拓。上述两类动机可相互转换，在时间持续性上，刺激—反应式动机随着国际化的推进会逐渐减弱；而资源—内驱式动机相反，随着国际化的推进逐渐增强。

张杰（2010）指出，在现代信用经济条件下，货币供给中的主要部分由银行信贷机制形成。推动货币制度演进的力量本质上来自交易费用节约的动机，银行制度的产生源于国际贸易发展对于货币交易费用节约的需求；银行制度的发展实现了货币本身的无资源占用，不断满足经济生活所提出的日益增长的货币需求。当我国经济与贸易发展到一定程度时，银行国际化、人民币越出国界成为世界性货币也遵循了同样的逻辑过程，人民币国际化是在我国经济实力增强推动下的人民币制度发展的必然趋势。货币制度的发展与升级有赖于银行制度的不断完善，在市场化机制的引导下，银行在更为广泛的范围内进行金融资源的优化配置，才能推进货币交易半径的不断扩展，带动人民币走向国际化。

由于银行业在中国金融体系中占据绝大部分份额，其国际化对人民币国际化的带动和主渠道作用更为重要。借助全球化的业务网络，银行为境内外客户办理人民币结算、人民币存贷等业务，为境外提供人民币的资金来源和运用渠道，促进境外的第三方之间使用人民币。与此同时，人民币国际化也为银行"走出去"提供了强大动力和独特优势。中资银行将国内人民币业务网络向境外延伸，可有效降低成本；为境外银行提供人民币业务代理行等服务，拓展了业务来源；中资银行资产负债的币种错配随着人民币国际业务的增加而得到纠正；中资银行的人民币国际业务有最后贷款人的支持，具有人民币流动性管理等方面的优势。由此，人民币国际化同银行"走出去"形成了相互促进的关系。

（二）中资银行国际化带动人民币国际化的进展情况

1. 中资银行国际化的进展。

中资银行国际化总体上处于初级阶段，参与境外市场程度较低，呈现以下特征：一是"走出去"动机以跟随客户为主。四大国有银行从事境外业务的重点都是服务国内客户，尤其是向港澳和亚太地区扩张业务的国内客户。原因在于四大国有银行具有很高的国内市场占有率，相互间竞争激烈，任何大型客户的流失都会导致竞争格局的微妙变化，所以跟随客户是银行对激烈竞争的直接反应。二是"走出去"方向以亚太地区为主。中资银行主要向华人聚集区域进行扩张，亚太地区尤其是东南亚为华人主要聚集区，因此中资银行的境外服务也以这些地区为核心，大型国有银行和股份制银行基本都在港澳地区设立了分行或代表处。三是"走出去"以设立代表处为主，设立分行为辅。

2. 中资银行推进人民币国际化的进展。

面对人民币国际化的巨大市场空间，中资银行把握业务机会，在积极与境外代理行寻求业务合作的同时，加快了自身海外机构的布局，大力开展跨境人民币业务。从 1981 年 11 月中国银行在纽约开设第一家境外分行起到 2009 年 7 月；共有 12 家中资银行在海外设立 82 家境外机构，相当于每年增加 3 家。但自跨境人民币业务试点以来至 2010 年年末，仅在一年半时间内，共有 6 家中资银行新设 23 家境外营业性机构，中资银行"走出去"的步伐明显加快。2011 年，中资银行对跨境人民币业务的重视程度进一步提高，并纷纷发挥自身优势，力求将这项新业务打造成中间业务领域的重要利润增长点。工商银行正在延伸跨境人民币清算网络，构建以人民币跨境结算业务为基础，涵盖国际结算、贸易融资、理财和资金衍生产品的跨境人民币产品体系，以促进全球服务响应能力的提升；农业银行正抓住外贸进出口持续增长的有利态势，积极适应客户融资需求，支持国内企业"走出去"，不断丰富国际贸易融资、国际结算和跨境人民币结算产品，加大国内信用证项下各类产品的推广力度；中国银行凭借在国际业务上的传统优势，涉及客户遍及100 多个国家和地区，为境外行开立 400 多个跨境人民币清算账户，处于市场领先地位；建设银行力图通过发挥境内外机构的联动优势推进相关业务开展，已协助建行亚洲、建行香港分行和德意志银行（香港）获得进入银行间债券市场资格并代理完成交易，积极推进人民币与周边国家货币挂牌，是马来西亚货币林吉特的做市商；交通银行在跨境贸易、跨境投融资、同业账户融资与清算、投资银行、政策咨询等业务领域形成了综合化的跨境人民币金融服务系列产品。2011 年上半年，国有银行的跨境人民币业务快速发展。

五家国有银行此项业务总规模约 1 万亿元。工商银行上半年累计办理业务 4 060 亿元，是上年全年的 3 倍；农业银行跨境人民币结算量 585.5 亿元，比上年全年增加 267.4 亿元；中国银行境内机构办理跨境人民币结算 3 441 亿元，超过上年全年业务量，中银香港则以参加行身份办理业务 2 718 亿元，其他海外机构办理业务 2 640 亿元；建设银行完成跨境人民币结算 1 127.1 亿元，较上年同期增加 1 062.4 亿元；交通银行跨境人民币实际收付累计 646.9 亿元。

（三）进一步发挥银行业国际化的主渠道作用

商业银行作为金融组织体系的核心主体，在人民币国际化进程中扮演着重要角色，是人民币国际化的主要推动者和参与者。一方面，随着国内金融市场逐步出现结构性金融供给过剩，资金运营效率逐步下降，中资银行必须向海外寻求发展空间，寻找能够产生较高资金回报率的市场。由于我国是人民币的发行国，中资银行是人民币流通和运行的主体，随着人民币在国际市场上的流通和交易规模的扩大，中资银行开拓海外市场的机会更多、空间更大、条件更有利。另一方面，随着人民币国际化程度的提高，我国境内必将建立起一个以人民币作为计价、结算和交易货币的、面向全球、高度开放的在岸国际金融市场。中资银行拥有最为广阔的国内客户基础、机构网络、人民币资产规模等，具备参与这一国际金融市场的先天优势。

在当前和今后一段时期，中资银行应紧紧抓住海外人民币业务机会。首先是面向企业的银行业务。中资银行应大力开展跨境或海外的人民币银行业务，包括人民币国际结算和贸易融资、海外人民币存款、海外人民币贷款、海外人民币现钞管理、货币兑换、海外人民币银行卡等业务。这些传统业务既是人民币国际化的产物，反过来又促进人民币国际化进程，是海外人民币市场发展的基础。其次是银行同业之间的业务。推动人民币国际化，使得人民币成为贸易和金融交易的计价、结算货币，必须在银行间建立畅通的人民币清算渠道，中资银行作为人民币资金的主要持有者和经营者，应在人民币清算业务中发挥主导作用。从目前跨境贸易人民币结算试点的两种模式看，中国有意打造境内和离岸人民币清算中心，因此境内和香港市场的人民币清算业务都有很大的发展潜力。随着境外金融市场中人民币使用频率和规模增加、人民币交易日趋活跃，银行间市场的人民币拆借、账户管理、资金购售等业务也将逐步发展。再次是境外人民币投资业务。跨境贸易人民币结算只是迈出了人民币国际化的第一步，要想扩大人民币国际结算的规模和范围，把市场对人民币的需求变为现实，必须增加人民币的投资渠道，让境外企业和金融机构持有的人民币资金可获得支付、存款之外的使用途径，提高其持有人民币的收益。在我国资本项目尚未开放的情况下，可大力发展香港的离岸金融市场，发挥香港作为人民币筹资和投资中心的作用。在境外人民币投资市场的发展过程中，中资银行既可作为投资工具的发行者，也可作为投资者，还可代理企业和金融机构客户从事投资和交易，特别是在人民币金融市场业务中，要争取成为产品创新的主体和市场交易的主要做市商。

五、人民币跨境流通机制：金融市场渠道

（一）人民币国际化与向"金融市场提供者"角色的转变

一个发达开放的金融市场之所以对一国货币国际化具有重要作用，是因为它能向境内外居民提供具有高度流动性、安全性和盈利性的金融工具，让参与者快捷自由地进出该市场而无须花费太多成本；通过接受以本国货币计价的短期性、高流动性的负债，同时向境外提供长期性、低流动性的资产，有效实现国际清偿力的转移；从而为国际货币的需求和供给提供便利。如纽约和伦敦这两个规模巨大、交易自由的金融市场就分别有力地支持了美元和英镑的国际化。

人民币国际化需要境内人民币资产市场的对外开放，进而成为全球人民币市场的最终提供者。近年来，境内人民币资产市场得到较大发展，市场容量扩展较快；与此同时，周边国家和地区对人民币资产存在一定的需求，甚至一些国家的中央银行开始接受人民币为储备资产。随着跨境人民币业务的推进，境外人民币积存将日趋增多，应逐步开放境内的人民币资产市场，拓展并加深人民币资产市场的广度和深度，给境外人民币持有者提供投融资渠道。

人民币国际化的结果之一是非居民持有各类人民币资产。既然要实现人民币国际化，在政策上就要支持非居民合法持有人民币资产，并保护非居民所持有人民币资产的合法权益。人民币国际化需要人民币既能走出去也能流回来，即人民币资金能够跨境循环流动。目前境外机构缺乏人民币资金来源和运用渠道，关键是如何对待非居民持有人民币资产。可考虑从以下方面允许非居民进入境内人民币市场。

一是非居民在境内可通过发行债券、发行股票和借款等方式融入人民币。可先允许非居民在银行间市场发行人民币债券。原因在于：银行间债券市场是机构间市场，也是我国主要的债券市场，托管量和交易量都占我国债券市场的绝对比重，目前已有国际开发机构发行人民币债券的成功经验；我国股票市场属于新兴市场，平均市盈率远高于发达国家的股票市场，中小投资者保护制度仍不健全；交易所债券市场规模较小，主要是上市公司债和国债的交易场所，容量有限。同时，可支持非居民从境内银行和企业借入人民币。主要考虑是：目前商业银行向国外发放外汇贷款已可直接办理，无须外汇局审批；目前境内外母子公司之间已经发生了外汇借贷业务；跨境贸易人民币结算试点已允许跨境人民币账户融资和人民币贸易融资，并已设立跨境项目融资试点。

二是在风险可控的前提下有序向非居民开放人民币投资市场。（1）允许非居民在境内银行开立人民币账户存放人民币，取得利息收入。银行吸收此类非居民的人民币存款属于在岸业务，需遵守存款准备金、利率、税收等相关管理规定。（2）允许非居民人民币存款购买银行的理财产品，以保值增值。目前，银行以存款账户为依托向居民销售种类繁多的理财产品，银监会为此发布了专门的管理办法。为支持非居民持有人民币资产，可允许其购买银行的人民币理财产品。（3）允许非居民进入银行间债券市场进行债券投资。可先允许外国中央银行（货币当局）直接进入银行间债券市场交易和结算，境外商业银行通过银行间债券市场结算代理人进行债券交易和结算；后允许境外商业银行直接进入银行间债券市场交易和结算，也可允许境外企业通过银行间债券市场结算代理人进行债券交易和结算。（4）允许非居民购买基金，间接投资股票市场。非居民的人民币来源有限，允许其购买基金，不会对股市造成大的冲击。也可同时通过核准基金管理公司向非居民募集人民币资金的规模来控制进入股市的资金量，防范短期投机资本借机进入。（5）允许非居民通过 QFII 等形式投资股市。

（二）人民币国际化与境外人民币市场

随着人民币"走出去"规模的扩大，境外人民币市场的形成与发展不可避免，需要为境外人民币持有者提供人民币的投融资市场，以满足境外人民币流动性管理和投资需求。该市场至少由两部分组成：一是境外人民币借贷市场。当人民币成为区域内计价结算货币时，大量的国际贸易开展离不开资金融通支持，境外人民币市场可以成为境内外企业办理贸易融资的场所，为区域贸易增长提供融资便利，并为境外人民币持有者提供必要的汇率风险管理手段。同时，在开放市场环境下逐步形成境外人民币借贷市场利率。二是境外人民币资本市场。包括境外人民币债券市场和境外人民币股票市场。随着非居民持有人民币规模的扩大，要为其提供更多的人民币资产选择机会，使人民币资产逐渐成为境外企业和个人投资组合的组成部分。

境外人民币市场在起步阶段需要境内人民币市场的支持与配

合。一方面，境外人民币市场需要通过境内人民币市场在一段时间内持续、稳定地提供人民币输出，促使境外人民币存量达到一定规模，基本实现自我循环。这样，境外人民币市场对境内人民币市场的依赖才会逐步减小，进而形成真正的境外人民币业务中心；另一方面，境外人民币市场发展初期需要有比较畅通的向境内市场回流的渠道，才能使市场主体在境外市场办理贸易结算时愿意使用人民币。

（三）上海国际金融中心与香港人民币业务中心

1. 上海国际金融中心和香港人民币业务中心是一个有机整体。

推进上海国际金融中心建设，可以为全球人民币提供清算、融资、投资、兑换、交易等业务的最终场所和运行机制。香港人民币业务中心作为境外人民币市场的主干，是人民币国际化的必然产物，有自己的运行规律，但归根结底在人民币结算清算、流动性管理、基础货币调节等方面都最终依存于境内人民币市场，从这个角度说，上海国际金融中心与香港人民币业务中心存在主次关系。推进香港人民币业务中心发展，是解决境外人民币资金来源和运用渠道的有效方式，并促进第三方国家在国际贸易投资活动中使用人民币。特别是在人民币资本项目管制仍须维持较长时间的环境下，人民币国际化更需要香港人民币业务中心的配合。当然，由于上海国际金融中心和香港人民币业务中心在金融管制、价格形成机制等方面的差异，会存在境内外汇率、利率的套利动机，这可以通过加强两个中心的协调来进行引导。

2. 推进香港人民币业务中心发展，配合人民币国际化进程。

香港作为国际性金融中心，具有货币自由兑换、金融体系完备、信息传播快捷、金融监管高效、金融人才丰富等特点，更是我国主权范围下的特别行政区，在发展人民币离岸金融市场上具有得天独厚的经济、政治优势。现阶段，要拓宽境外主体的人民币资金来源和使用渠道，引导境外人民币的合理流动。通过良好的制度设计，支持香港人民币业务中心发展，同时为境内资本市场开放提供有益探索。具体包括：支持符合条件的境内企业到香港发行人民币债券；扩大内地与香港的货币互换，为香港本地金融机构的人民币业务提供资金支持；增强境外人民币在香港的金融中介活动，并将香港的人民币资金引导到实体经济活动；推动人民币产品创新，确立香港的人民币离岸中心地位。

3. 推进上海国际金融中心建设，为人民币国际化提供最坚实支撑。

一个发达的金融中心能支撑起本国货币投融资、流动性管理和风险管理，也能为本国货币的境内供给和境外需求提供清算渠道，是推进一国货币走向国际化的重要因素。同时，金融中心远高于其他地区的市场灵活度、吸引力和桥梁作用，也可为开展资本项目可兑换的先行先试创造条件。国务院《关于推进上海加快发展现代服务业和先进制造业建设国际金融中心和国际航运中心的意见》（国发〔2009〕19号）明确提出，上海国际金融中心建设的总体目标是：到2020年，基本建成与我国经济实力以及人民币国际地位相适应的国际金融中心。为此，要大力推进上海国际金融中心建设，积极开展资本项下的各项改革和先行先试，通过发展跨国金融业务和实现金融市场对外开放，搭建一个容量大、流动性高的人民币市场，满足境外主体的人民币投融资需求，进而为人民币国际化提供坚实支撑。重点在于：

推动上海成为人民币标价产品跨境交易的中心。上海金融市场体系齐全，金融市场容量较大、交易活跃，对外开放基础较好，可以承载人民币标价产品跨境交易的重任。随着人民币跨境使用的扩大，需要进一步开放境内金融市场。我国采取渐进式资本项目改革，可以在上海进行可兑换的先行先试，包括：支持境外企业使用自有人民币资金在境内开展直接投资；设立跨国公司人民币资金池管理试点，通过构建境内外统一的人民币资金池，满足跨国企业统一调配全球资金、统筹管理全球账户等需求，促进人民币业务的发展。从而，吸引更多的境外参与者参与本地金融市场活动，推动本地金融市场的人民币标价产品交易，并发展成为人民币标价金融产品跨境交易的中心。

推动上海成为中外资金融机构处理人民币跨境业务的中心。上海是各类中外资金融机构集中的地方。可考虑在上海开展资本项下有关证券投资、信贷业务的改革试点，包括：在上海证券交易所推出国际板；推出人民币 QFII 和 QDII 等试点；支持在沪中外资金融机构走在改革开放创新的前沿，不断推出适应市场需要的跨境人民币业务品种；鼓励在沪的大型商业银行加大"走出去"步伐，在境外开办人民币业务，与境内形成联动。由此推动上海发展成为中外资金融机构处理人民币跨境业务的中心。

推动上海成为人民币跨境支付清算中心。根据国家人民币跨境支付清算安排，上海要争取成为人民币跨境支付结算的集中接入点之一。人民币"走出去"，境外要有需求，境内要有供给，还要建设清算渠道，资本项目可兑换主要解决的是供给和需求的问题，而通过金融中心建设就能为需求和供给搭建一个桥梁。具体来说，应鼓励在沪的大型商业银行将境外的分支机构发展成境外的人民币清算行；重点支持有一定的业务基础和国际影响力的商业银行成为境内的人民币跨境清算行；支持在沪的中小银行开展有各自特色的跨境清算业务。

六、小　　结

货币国际化是经济全球化、经济货币化的产物。一国往往是先有其经济的全球化即生产、贸易、金融、科技的全球化，然后才有货币的国际化。国际分工体系事关一个国家的发展空间和发展定位，货币地位本质上反映的是一国在国际分工体系中的地位，最终也由后者决定。

人民币国际化程度要保持同中国国际分工地位变化的适应性。

其推进程度要同中国国际分工地位的提升在战略上结合成一个整体，突出阶段性的重点，发挥自身的独特优势。

要建立人民币"走出去"与"流回来"的跨境流通机制。通过经常项目和资本输出提供本币流动性；人民币"走出去"成为"走出去"国家战略的重要组成部分，全方位地服务于对外经贸活动的需要；实现中国向"市场提供者"的角色转变。

人民币国际化的主要途径包括：在实体经济层面，建立人民币跨境流通的货物贸易、服务贸易渠道，对外援助渠道，直接投资渠道及其相应的人民币回流机制；在虚拟经济或金融层面，促进银行"走出去"和建立全球的人民币结算、投融资网络；推动人民币金融市场的对外开放，建设上海国际金融中心和香港人民币离岸金融中心，成为全球人民币业务的市场提供者。

第六章 微观层面：人民币国际化的金融财税政策支持

本章和下一章侧重分析推进人民币国际化的政策支持因素。本章首先论述人民币国际化的宏微观金融财税政策支持的理论基础。其次主要从微观层面，以提高人民币国际化净收益为内在逻辑，依次阐述外汇政策、汇率政策、财政政策、税收政策、政策性金融、国债政策等方面的支持措施与建议。

一、金融财税政策支持的理论基础

（一）金融财税政策支持的必要性

1. 国际货币的国家信用基础需要借助政府干预进行维护。

货币是各类经济交易活动的一般等价物和基本媒介，本质上反映的是一种社会信用关系。尽管历史上出现过私人铸造货币的情形，哈耶克等经济学家也曾提出由私人部门自由竞争地发行货币的主张，但近现代以来各国货币均由官方发行、供给和调控。一种货币在本国境内的流通使用通常借助于国家机器的强制力，但在国际经济交易中，要使一种货币被其他国家和地区普遍接受，发挥价值尺度、支付手段和贮藏手段的职能，仅仅依靠国家机器的强制力是不够的，还必须依靠货币发行国对该种货币提供的强大国家信用保证。人民币的跨境流通和使用，同样要以国家信用为基础；依赖于一套全球人民币结算清算体系等金融基础设施的建立和运行，这需要政府的公共投入；人民币币值稳定等良好货币品质的获得和维持，需要政府的宏观经济金融调控和国际政策协调加以实现。

2. 货币网络的正外部性需要政府干预的参与。

一国货币的竞争力除了取决于发行国的经济实力、生产领域的比较优势、金融体系的完备程度以及币值的稳定性等因素外，还取决于货币网络规模的大小。货币为其使用者提供了一个网络正外部性，一种货币的价值取决于网络内用户的多少。随着用户数量的增加，使用该种货币的人均收益就随之上升。同时，由于受到历史环境及不确定性因素的影响，特别在向新货币过渡过程中存在较为高昂的转换成本，人们在国家货币的使用上普遍有一种惰性，即使改用新的货币有很多优点，但要打破使用旧货币的惰性，难度依然很大。美元之所以能一直维持超过其经济实力的绝对地位，很大程度上受益于美元具有其他货币难以比拟的庞大全球网络，任何市场主体若想改用别的货币网络，都将面临巨大的退出美元网络成本。人民币国际化同样会受到来自美元网络的强大的无形限制。面对这种网络的正外部性，市场机制存在缺陷，需要政府干预的参与，从而使人民币业务的全球网络从小到大。

3. 根据中国实际情况，人民币国际化应走一条市场自发演进与政府顺势推动相结合的道路。

中国是世界上最大的发展中国家，同时正处于经济和社会双重转型阶段，即从计划经济向市场经济、从农业社会向工业社会转型，这种基本国情决定了政府的作用极其关键。相对于发达市场经济国家，中国政府既需要承担一般市场经济国家政府的基本职能，还要履行中国国情下的特殊职能。在人民币国际化过程中，客观条件与主观因素的有机结合、有效配合很重要。当客观条件具备时，如果缺乏国家意识，不愿推动人民币成为国际货币，就有可能错失机会，或延缓人民币成为国际货币的时间。

近年来，中国大国经济的特点推动了人民币自发地开始了其国际化进程。虽然中国经济保持了持续快速发展势头，经济规模和经济质量都有较大提高，但就人均经济实力而言，离世界先进水平还有很大距离，还存在金融体系不成熟、汇率机制不完善以及人民币不可完全兑换等问题。然而，人民币并没有等到货币国际化的条件完全具备才开始越出国界走向周边，而恰恰是在上述种种国际化条件尚不完全具备、不成熟的情况下便产生了溢出效应，自发地启动了国际化进程。人民币走向国际化的最初阶段，表现为由边境贸易、旅游消费等带动的人民币在周边国家和地区的流通，主要作用是为周边贸易和人员流动提供便利，减少交易成本。东南亚金融危机爆发后，人民币币值的稳定性、保值和增值性，更使一些东南亚国家和地区的居民把人民币当做一种国际货币。从某种意义上说，这是一种自发性的人民币国际化演进过程。但是，人民币国际化不能完全依靠这种自发的、缓慢的且充满更多不确定性的自发演进，需根据我国实际发展需要和国际货币体系新的背景，以新的思维角度去探讨和创新，寻求一种新的货币金融制度安排，实现人民币的国际化目标，而政府在其中所起作用至关重要。

4. 人民币国际化应成为重要国家战略，由自发运行上升到国家意志，进行综合性规划。

人民币国际化涉及经济金融各领域的综合性改革，为此，推进人民币国际化既需要微观层面，也需要宏观层面的金融财税政策支持。微观层面的政策支持重点在于，遵循货币国际化的市场导向和需求选择，通过必要的政策激励，增进市场主体使用人民币的净收益；宏观层面的政策支持重点是，建立有效的货币金融制度和高效的宏观调控体系，在持续推进人民币国际化的同时，确保宏观经济的有效运行。

（二）金融财税政策支持的传导效应

1. 诱导效应。

对人民币国际化的金融财税政策支持体现了政府导向，向市场发出信号，引导社会各方面资源的投入。特别在人民币国际化起步阶段，政策支持可以改进市场主体跨境人民币使用的净收益，增强其推进人民币国际化的利益动机。

2. 杠杆效应。

金融政策支持的工具箱包括：优惠利率、优惠汇率、优惠信贷措施、外汇管理便利、投融资手段便利等；财政税收政策支持的工具箱有：财政补贴、税收优惠、出口退税、关税优惠、国际税收协调等；金融与财税的交叉性政策工具是：政策性金融支持措施、国债政策支持等。尽管这些工具的使用都会涉及相应的资金或资源的投入，但投入量不会很大，这种少量的投入能够撬动成倍的市场资金陆续进入。

3. 聚焦效应。

货币国际化是一国综合国力的集中体现。人民币国际化程度取决于我国在国际分工体系中地位、贸易投资的国际竞争力、国内金融条件、财政税收环境等，与产业政策、贸易投资政策、外汇政策、汇率政策、货币政策、财政政策、税收政策等都密切相关。这些政策各有侧重，政策资源总量也有限。而将这些政策支持措施组合起来，特别是将金融财税支持政策有效搭配、集中投入，可防止政策资源的分散，并产生"1+1>2"的聚焦效应。

4. 规模效应。

金融财税政策的支持，加快了人民币全球结算网络建设，加大了金融基础设施的公共投入，促进境内外市场主体更多地使用人民币结算网络，带动人气的不断积聚，进而产生规模效应。

二、人民币国际化与外汇管理政策支持

（一）货币国际化与货币自由兑换的区别联系

1. 货币国际化与货币自由兑换是两个不同概念。

首先，自由兑换的货币是指该货币兑换时不受数量与制度的限

制；货币国际化则指该货币为非居民和外国政府广泛接受和使用，用于交易、计价、投资、储备等。其次，货币在一定程度上的可兑换性，是该货币成为国际货币的必要前提，因为没有一定的可兑换性就没有普遍的接受性。但货币的可兑换主要受货币发行国政府的政策和国内经济发展情况的制约，是供给主导型的模式；而货币国际化进程主要受非居民的需求偏好支配，属于需求主导型模式。因此，货币国际化最根本的基础，乃是一国经济实力所导致的非居民对该国货币的偏好和需求，货币自由兑换并不是货币国际化的必然前提。如果非居民对一国货币有足够的信心和偏好，即使一国对其货币在国际贸易投资活动和金融交易中采取某些管制，也未必能完全阻碍其发挥国际货币职能。最后，自由兑换与一国经济实力并非正相关，一些落后小国照样实现了货币可兑换，但其货币无法成为国际货币。

2. 货币国际化与货币自由兑换的联系。

可通过随机匹配理论模型（Matsuyama，Kiyotaki，Matsui，1993）来分析国际货币的产生，并在此基础上分析货币国际化与货币自由兑换的关系。构建一个"两国—两货币"的世界经济：无限存续的两个国家——本国和外国，[①] 两种货币——本国货币和外国货币。两个国家的经济主体在生产后，到市场上寻找持有货币（本国或外国）的经济主体来进行交换。当两个经济主体相遇，一个拥有货币，另一个拥有要出售的产品，于是决定是否进行一对一的货币与产品交换。只有当交易完成且消费后，经济主体才能继续

———————————

① 假设1：两国的经济主体总人口为1，且永远存续，其中，本国人口为 $n \in (0, 1)$，外国人口为 $1-n$。假设2：两国的生产技术保持一样。$\theta = \dfrac{(1-n)}{n}$ 即为外国经济的相对规模，n 越大说明本国的经济规模越大。假设3：市场上有 k（$k \geqslant 3$）种商品，每个国家相对应的有 k 个部门，每个部门拥有相同数目的经济主体，专门生产、消费和储存一种商品，经济主体不能消费自己的产品，必须通过交换获得消费品，而且必须以货币为媒介，即市场上不存在物物交换。假设4：用两个变量 m 和 m^*（介于0—1）表示本国和外国经济主体人均供给的本币和外币的数量，假定两者都是外生给定。

生产下一个单位的商品。相遇概率如表 6 - 1 所示，β 决定了不同国家的经济主体的匹配率，模型假设同一国家的经济主体相匹配的概率高于不同国家的经济主体的匹配概率，不要求货币完全可兑换。β 越大，不同国家的经济主体匹配率越高。β 可理解为两国间经济一体化程度，其中包括两国间货币自由兑换的程度。

表 6 - 1　　　　　　两个经济主体匹配并产生交易概率情况

卖方 ＼ 买方	本国	外国	不匹配
本国	n	$\beta(1-n)$	$(1-\beta)(1-n)$
外国	βn	$1-n$	$N(1-\beta)$

在每一期期末，本国和外国的任一经济主体处于三种状态之一：持有本币、持有外币或者持有商品。本国的经济主体持有的库存分布 $X = (1 - m_h - m_f, m_h, m_f)$ 表示。同理，外国经济主体持有的库存分布 $X^* = (1 - m_h^* - m_f^*, m_h^*, m_f^*)$ 表示。当 $m_f > 0$，$m_h^* = 0$ 时，他国货币成为国际货币。[①] 如 $m_h^* > 0$，$m_f = 0$ 时，本国货币成为国际货币。

把经济主体在市场上相遇后是否交易定为博弈策略。给定 m，m^*，k 和 δ，该模型存在四种类型的对称静态均衡：（1）自给自足、不存在国际交易的 A 均衡。[②] 此时本国的库存分布为 $X = (1 - m, m, 0)$，外国的库存分布 $X^* = (1 - m^*, 0, m^*)$，即本国经济主体持有全部的本国货币，外国经济主体持有全部的外国货币。没有国际交易，也不存在国际货币。（2）本国货币只由本国

---

①　本国持有他国货币，他国不持有本国货币，两国间的交易完全以他国货币为媒介。

②　A 均衡成立的条件是：$\beta \leqslant A(n) = m(1-m)n^2/(1-m^*)(1-n)(k\delta+n)$，$\beta \leqslant A^*(n) = m^*(1-m^*)(1-n)^2/(1-m)n(k\delta+1-n)$

人持有，外国货币成为国际货币的 F 均衡。[①] 此时本国的库存分布为 $X = ((1-m)(1-m_f^*), m, (1-m)m_f^*)$，外国的库存分布为 $X^* = (1-m_f^*, 0, m_f^*)$。(3) 本国货币成为国际货币，外国货币只由外国经济主体持有 H 均衡。[②] 此时本国的库存分布为 $X = (1-m_h, m_h, 0)$，外国的库存分布为 $X^* = ((1-m^*)(1-m_h), (1-m^*)m_h, m^*)$。(4) 两国货币可以互换，本国和他国经济主体同时持有两国货币的 U 均衡。这种均衡在任何 (n, β) 配对下都可成立。

　　从上述四个静态均衡之间的演化分析可以得出以下结论：(1) 一国的经济实力 n 是货币国际化的前提条件。给定 β，当 n 足够小，F 均衡成立，此时，外国的经济规模大大超过本国，外国人不愿意持有本国货币，本国货币不是国际货币。给定 β，当 n 足够大，H 均衡可以成立，此时，虽然没有实现自由兑换，只要本国经济规模足够大，本国货币同样可以成为其他小国的储备货币。例如，目前人民币已经成为部分东南亚小国的流通货币甚至储备货币，这从一定程度上证明了此模型的说服力。(2) 货币可兑换程度 β 影响货币国际化进程。一方面，当 n 很小时，β 越小，表明经济开放程度越低，本国货币的可兑换程度越低，实现的是自给自足、不存在国际交易的均衡。另一方面，给定 n，当 β 足够大，H 均衡可以成立，即本国货币的可兑换程度很高，本国货币在国际交易中所起的作用越大，本国货币成为国际货币。(3) 货币国际化进程会对货币可兑换提出新的要求。在本国经济规模 n 足够大时，

---

　① F 均衡的存在条件为：$f(n,\beta) = n(1-m)(1-nm)[k\delta + n(1-m) + \beta(1-n)] - m^*(1-n)[n(1-m) + \beta(1-n)]^2 > 0$

$f^*(n,\beta) = \beta n(1-m)(1-nm)[k\delta + \beta n(1-m) + (1-n)] - m^*(1-n)[\beta n(1-m) + 1 - n]^2 \leq 0$

　② H 均衡的存在条件为：$h^*(n,\beta) = (1-n)(1-m^*)(1-(1-n)m^*)[k\delta + (1-n)(1-m^*) + \beta n] - mn[(1-n)(1-m^*) + \beta n]^2 > 0$

$h(n,\beta) = \beta(1-n)(1-m^*)(1-(1-n)m^*)[k\delta + \beta(1-n)(1-m^*) + n] - mn[\beta(1-n)(1-m^*) + n]^2 \leq 0$

如果货币可兑换程度 β 没有提高，无论是实现均衡 F 还是均衡 U，本国的经济福利都小于均衡 H。此时若提高自由可兑换 β 的程度，最终实现 H 均衡，让本国货币成为国际货币，可以更大地改善本国福利。同时，本国还可获得诸如铸币税等在该模型中未反映的货币国际化的附加收益。（4）不同的静态均衡之间的动态变化，需要外力的推动。模型表明，在同一套参数环境下，存在着多种均衡。本国政府可以施加一定的外在政治或者经济影响，在均衡间作出有利于自己的选择。如政府改变法律环境，提高金融市场的运行效率，可以有意识地趋向福利更高的均衡。

3. 货币国际化与货币自由兑换关联的实证。

根据国际经验，货币自由兑换对于一国货币的国际化而言，并非必不可少。美国在 20 世纪 60 年代采取了一些限制资本流出的措施，如 1963 年的利息平衡税法案，1965 年的美元对外贷款自愿限制方案等，这些限制只是减缓但没有改变美元的国际化进程，反而促进了欧洲美元市场的发展，从另一侧面有利于美元的国际化。而日本直到 1980 年修改《外汇法》后，才逐渐放开对日元资本项下可兑换的限制；但是，日元的国际化进程早在 20 世纪 70 年代就已开始。反观 20 世纪 90 年代的日元，尽管日本在金融自由化方面取得了很大进展，但日元国际化进程不进反退，从 1995 年到 2008 年日元在全球官方外汇储备中所占比重由 6.8% 下降至 3.27%，国际贸易中按日元结算的比重以及银行对外资产中日元资产的比重均出现不同幅度下降。日元国际化进程之所以出现倒退，主要原因在于日本经济的不景气使得国际市场对于日元的价值和稳定失去了信心，从而对日元的需求出现了萎缩。因此，人民币未实现完全可兑换，并不是现阶段人民币国际化的根本障碍，人民币国际化进程的决定性因素还是中国的综合国力。

（二）人民币国际化与人民币资本项目可兑换的相互适应程度

人民币国际化和人民币资本项目可兑换都是长期动态的发展过程。作为中国经济发展的两个重要目标，目前两者呈现出共同推进的状态。

1. 人民币资本项目可兑换的现状。

1996 年中国实现人民币经常项目可兑换后，资本项目可兑换就被列入议事日程，始终在积极有序地推进。目前，在 IMF 划分的 7 大类 43 项资本项目交易中，中国实现可兑换是 9 项（占 21%），基本可兑换是 13 项（占 30%），部分可兑换是 11 项（占 26%），不可兑换是 10 项（占 23%）（如表 6 - 2 所示）。从业务分布看，可兑换项目集中在与直接投资相关的实体经济领域；基本可兑换和部分可兑换项目集中在信贷业务、不动产交易和个人资本交易；不可兑换项目集中在资本和货币市场工具以及衍生工具和其他工具。

表 6 - 2　　　人民币资本项目可兑换现状（按 IMF 标准）

交易项目	现状
一、资本和货币市场工具	
（一）资本市场证券交易	
A. 买卖股票或有参股性质的其他证券	
1. 非居民在境内直接买卖	部分可兑换
2. 非居民在境内发行	不可兑换
3. 居民在境外直接买卖	基本可兑换
4. 居民在境外发行	基本可兑换
B. 债券和其他债务性证券	
5. 非居民境内直接买卖	部分可兑换

续表

交易项目	现状
6. 非居民境内发行	部分可兑换
7. 居民境外直接买卖	基本可兑换
8. 居民境外发行	部分可兑换
（二）货币市场工具	
9. 非居民在境内直接买卖	不可兑换
10. 非居民在境内发行	不可兑换
11. 居民在境外直接买卖	基本可兑换
12. 居民在境外发行	部分可兑换
（三）集合投资类证券	
13. 非居民在境内直接买卖	部分可兑换
14. 非居民在境内发行	不可兑换
15. 居民在境外直接买卖	基本可兑换
16. 居民在境外发行	不可兑换
二、衍生工具和其他工具	
17. 非居民在境内直接买卖	不可兑换
18. 非居民在境内发行	不可兑换
19. 居民在境外直接买卖	部分可兑换
20. 居民在境外发行	不可兑换
三、信贷业务	
（一）商业信贷	
21. 居民向非居民提供（债权）	基本可兑换
22. 非居民向居民提供（债务）	基本可兑换
（二）金融信贷	
23. 居民向非居民提供	可兑换
24. 非居民向居民提供	部分可兑换
（三）担保、保证和备用融资便利	

续表

交易项目	现状
25. 居民向非居民提供	部分可兑换
26. 非居民向居民提供	部分可兑换
四、直接投资	
（一）对外直接投资	
27. 创建或拓展完全由自己拥有的企业、子公司，或全额收购现有企业	可兑换
28. 对新建或现有企业的入股	可兑换
（二）对内直接投资	
29. 创建或拓展完全由自己拥有的企业、子公司，或全额收购现有企业	可兑换
30. 对新建或现有企业的入股	可兑换
五、直接投资清盘	
31. 直接投资清盘	可兑换
六、不动产交易	
32. 居民在境外购买	部分可兑换
33. 非居民在境内购买	基本可兑换
34. 非居民在境内出售	基本可兑换
七、个人资本交易	
（一）贷款	
35. 居民向非居民提供	不可兑换
36. 非居民向居民提供	不可兑换
（二）礼品、捐赠、遗赠和遗产	
37. 居民向非居民提供	基本可兑换
38. 非居民向居民提供	可兑换
（三）外国移民在境外的债务结算	
39. 外国移民境外债务的结算	基本可兑换

交易项目	现状
（四）资产的转移	
40. 移民向国外的转移	基本可兑换
41. 移民向国内的转移	可兑换
（五）博彩和中奖收入的转移	
42. 博彩和中奖收入的转移	基本可兑换
（六）非居民员工的储蓄	
43. 非居民员工的储蓄	可兑换

资料来源：根据最新的外汇管理政策整理。

2. 目前人民币可兑换程度基本满足人民币国际化的需求。

目前，人民币国际化主要指正在开展的跨境贸易人民币结算试点。跨境贸易人民币结算指的是贸易项下的人民币结算，不包括资本项下。通过分析我国人民币可兑换的现状可知，早在 1996 年我国就实现了人民币经常项目可兑换，在货物贸易项目、服务贸易项下不存在汇兑障碍和限制。就目前的管理而言，无论是经常项下的外汇管理还是跨境贸易人民币结算，都强调贸易真实性，要求外汇（人民币）跨境流动时进行贸易真实性审核。当然，开展贸易人民币结算，应当允许和贸易有关的人民币的购售，资金的融通、拆借，贸易融资，这时可能会涉及资本项目的开放问题，目前大都通过个案探索的方式来解决，能在一定程度上满足业务需求。

3. 外汇管理体制改革的不断推进为人民币国际化创造了有利条件。

随着外汇管理方式从重审批转变为重监测分析，从重事前监管转变为强调事后管理，从重行为管理转变为更加强调主体管理，从"有罪假设"转变到"无罪假设"，从"正面清单"转变为"负面清单"，外汇管理体系不再是一成不变的框架，而是一个动态发展的系统。这种发展的体系不但直接推进了贸易投资活动便利化，而且在客观上为人民币国际化的深入推进提供了有利环境。

（三）人民币国际化与人民币资本项目可兑换的协同推进

现阶段，一方面，要根据人民币可兑换进程，对人民币跨境使用采取相应策略；另一方面，要根据人民币跨境流通需要，不断推进人民币资本项目可兑换，以此促进人民币跨境流通使用。当前，推动人民币国际化和资本项目可兑换既具备了一定的现实条件，也遇到了一些困难和问题。应通盘考虑这两个战略，在统一规划下，从关键问题出发，实现两者的协同推进。按照人民币国际化对资本项目可兑换要求的轻重缓急，不断丰富畅通境外人民币的回流渠道。人民币的流出和回流共同构成人民币资金跨境流动的基本循环，在这一过程中，流出是前提，回流是保障。在经常项目可兑换的状态下，人民币的流出量可以通过国际贸易或服务逆差、对外投资、单方面转移等方式来不断增加并得到保证。但是，由于我国持续的贸易顺差在短期内难以改变，人民币在持续流出后势必在境外大量沉淀。如果不建立多种合理的资金回流渠道，人民币在境外被持有的吸引力将大大削弱，并且这种逆差形式的资金流出从长期看不可持续。因此，如何为人民币回流建立规范有效的手段和渠道就成为一个关键性问题。

可考虑在现有人民币资本项目可兑换的总体安排和渐进、可控的原则下，在宏观环境允许的条件下，将人民币资本项目可兑换与境外人民币回流机制建设相结合，构建一个较为系统的人民币回流机制建设路线图，进一步消除人民币跨境流动的障碍，促进境外人民币顺利回流。同时，也可根据人民币国际化的阶段性要求，针对人民币回流现实需要的紧迫程度，实行定向的人民币有限度可兑换试点。例如：在与特定的对象国签订协议后，允许对象国政府作为特殊机构投资者，每年在一定额度内将持有的人民币按市场汇价兑换成外汇。在风险可控的前提下，对作为储备货币的人民币回流提供可行途径，为人民币回流机制的建立探索有益经验，同时也增强他国政府持有人民币的意愿。

从长期看，必须加快人民币资本项目可兑换步伐。随着人民币成为周边国家主要贸易结算货币，应放松那些条件已经成熟的资本项目的管制，加大已小幅放开的项目的开放力度，以增加人民币在境外的供给，进而培育跨境贸易中用人民币进行结算的需求。当人民币从周边化向区域化、从结算货币向投资货币发展时，对资本项目开放的要求会更高，应大力发展资本市场工具，放松对资本市场证券交易、货币市场证券交易乃至衍生工具交易的管制，把更多"不可兑换"项目转变成"基本可兑换"或"部分可兑换"项目，以不断满足境外人民币持有者在境内合理的投资需求。当人民币成为国际储备货币、真正实现国际化时，要逐步取消尚存的资本项目管制，实现人民币自由兑换。

三、人民币国际化与汇率政策支持

（一）以币值稳定增强市场主体持有和使用人民币的意愿

1. 币值稳定是国际货币的重要品质。

一种货币成长为国际货币应具备的重要品质是，该货币具有价值稳定性和可测性。在现代信用货币条件下，国际货币的竞争力和信誉很大程度上取决于币值的持续稳定。随着人民币国际化的推进，人民币会逐渐成为别国的锚货币或汇率的盯住对象，为此，应保持人民币币值的对内、对外稳定，不断增强人民币的国际信用。

2. 实现低通货膨胀率约束下的持续平稳的经济增长，保持人民币币值的对内稳定。

低通货膨胀的标准可参照两种数据：一是参照一国实体经济的增长率。经济增长率可细分为两种类型，即处于高速增长期的发展中经济的增长率和处于低速增长期的成熟经济的增长率，不同经济增长时期下的通货膨胀率标准存在差异。所谓低通货膨胀率应是一个与经济增长率保持吻合的适度空间。从经验上看，成熟经济的通货膨胀率应与经济增长率持平，或维持在实际经济增长率上下 1 个百分点，发展中经济由于增长率较高，通货膨胀率应低于或接近实体经济的增长率，不宜超过经济增长率，并注意提高经济增长效率，才有利于实现赶超，有利于提升货币的竞争力，实现本币到国际货币的转换。通货膨胀和通货紧缩都会冲击该国货币作为国际货币的地位：通货紧缩易引起货币对外价格的升值，降低外部经济的竞争力；通货膨胀则易引发货币对外价格的贬值，为货币危机埋下祸根。若该货币已发生较高的通货膨胀，但又不能及时向下调整，必然造成货币高估及相应损失，而货币持续贬值会破坏该国货币的国际信誉。二是参照其他宏观经济体的通货膨胀率。一国货币的对外价格是两种货币交换的比率，币值的平稳与否受到其他经济体通货膨胀率的影响。要保持自身的货币竞争力，需要使本国的实际通货膨胀率等于或略低于其他宏观经济体的实际通货膨胀率。

3. 完善人民币汇率形成机制，保持人民币币值的对外稳定。

目前，我国实行以市场供求为基础、参考一篮子货币进行调节、有管理的浮动汇率制度。近年来，我国不断深化外汇管理体制改革，大力培育和发展外汇市场，市场决定汇率形成的技术平台基本形成。尽管人民币汇率形成机制改革取得了较大进展，但市场化程度仍有待提高，弹性化程度不足，人民币兑美元一直呈现单边升值趋势，汇率对国际收支的调节能力不高。贸易出口项下人民币结算少，贸易进口项下人民币支付多，人民币收付规模明显不对称；人民币兑美元单边升值预期下，会诱发基于境内外利率差异、人民币汇率差异的套利性本外币资金跨境流动行为，扩大人民币跨境业务同实体经济的偏离。以市场化为导向的、比较灵活的汇率制度安排是保证人民币价值稳定性和可测性的重要条件。为此，要结合中国大国经济的特征、国际收支的特点、国内货币政策的独立性，以及人民币资本项目可兑换进程中的金融风险，协调好人民币国际化、人民币可兑换、人民币汇率制度之间的关系。进一步发展外汇市场，逐步允许非居民参与中国外汇市场的交易，使市场主体能更加充分地表达供求关系，有足够的产品用来管理汇率风险；汇率水平要能及时充分地反映我国贸易投资的变化，在此基础上扩大汇率的双向波动。从中长期看，现行汇率制度要逐步退出盯住美元，并成为别国的锚货币。

（二）利用人民币汇率平缓升值的长期趋势促进人民币走出去

基于巴拉萨—萨缪尔森假说的分析，汇率的长期变化趋势取决于劳动生产率因素。而劳动生产率提高，又是国际分工地位提高的重要表现之一。该逻辑表明，货币国际化进程中往往伴随着相应货币的长期升值趋势。人民币均衡汇率长期内升值的主要驱动因素是反映相对技术进步的巴拉萨—萨缪尔森效应。张志超（2002）认为人民币汇率升值是真实经济部门健康发展的需要，有利于中国的产业升级，有利于开放资本账户，尤其对金融改革有利。

1994 年人民币汇率形成机制改革至 2011 年 9 月末，人民币对美元累计升值 36.9%。从今后看，人民币汇率在基本稳定的基础上，仍将继续保持平缓升值的长期趋势。人民币升值的利益驱动，既会使人民币的境外需求变得旺盛，也会形成人民币对外投资的动力，通过资本输出推进国际化，增大人民币的对外供给。为此，应抓住长期内人民币汇率平缓升值的有利时机，扩大境外直接投资、对外援助、对外支付等，促进人民币走出去。

四、人民币国际化与财政政策支持

（一）从财政视角看人民币国际化

尽管目前我国财政运行与人民币跨境业务的直接联系不多，但随着人民币国际化程度的提高，二者之间的内在联系将越来越紧密。一方面，人民币国际化会产生相应的国际铸币税收入，这从广义上构成了国家财政收入的一部分；人民币国际化是增强我国综合国力、提高对全球资源配置能力的重要环节，有效激发微观经济的活力，这有力提升了国家的财政能力；人民币国际化改进了国际收支的平衡机制，提高了财政赤字的国际融资能力，从而扩大了财政政策的活动空间。

另一方面，人民币国际化离不开财政政策的支持。财政政策具有以下基本功能：一是导向功能。主要是对个人和企业的经济行为以及国民经济的发展方向有引导作用，表现在：配合国民经济总体政策和各部门、各行业政策，提出明确的调节目标；不仅规定什么该做，什么不该做，还通过利益机制告诉人们怎样做更好。二是协调功能。主要表现在对社会经济发展过程中的某些失衡状态的制约、调节能力，可以协调地区之间、行业之间、部门之间等的利益关系。三是控制功能。是指国家或政府通过财政政策对人们的经济行为和宏观经济运行的制约与促进，实现对整个国民经济发展的控制。四是稳定功能。主要特征是反周期性和补偿性。人民币国际化高度融合了产业与金融的关系，涉及国民经济运行的诸多环节，所以财政政策的上述功能都能在人民币国际化过程中找到着力点。

（二）发挥财政政策对人民币国际化的促进作用

一要突出财政政策实施重点，更加注重推动经济发展方式转变和经济结构调整，发挥财政政策作用直接、运用灵活、定点调控的优势，着力实施有利于扩内需、调结构的政策措施，促进我国逐步成为一个以内需和消费为主导的经济体。由此，有利于提高我国在国际分工体系中的地位，并成为全球最终产品市场的提供者，进而为人民币国际化奠定强大的实体经济基础。具体而言：财政政策应更加促进国民收入分配格局的调整，提高居民收入在国民收入分配中的比重，完善社会就业和保障体系，稳定居民的消费预期；培育发展战略性新兴产业和现代服务业，加快形成先导性、支柱性产业，切实提高产业核心竞争力；推动科技进步和创新；促进外贸发展从规模扩张向质量效益转变、从成本优势向综合竞争优势转变。二要加大与人民币国际化有关的金融基础设施的投入。人民币国际化需要一个强大的全球人民币支付结算网络和清算体系作为支撑，这些金融基础设施具有半公共产品性质，财政投入对其有重要的推动作用。三要发挥财政性资金的示范、引导和杠杆作用，通过财政收支活动，对人民币国际化的相关业务采取投资、补贴、贴息等政策手段，引导资源流向，弥补市场机制缺陷。如对企业开展人民币跨境业务可设立专项扶持基金，对人民币跨境借贷提供财政贴息等。特别是在人民币国际化初始阶段，更应发挥财政政策的诱导效应和引擎效应，提升市场的参与热情，借助财政杠杆撬动人民币跨境业务发展。而随着人民币国际化步入平稳较快增长轨道，财政扶持可以逐步退出。四是可考虑推行中国式的"马歇尔计划"，在政府对外援助、政府采购等活动中尽可能地采用人民币结算。五要加大对与人民币国际化有关的商业性金融活动的财政支持力度。支持我国商业银行的国际化经营和全球网点拓展；对商业性金融机构的人民币国际化业务，在呆账准备金计提，呆账核销条件、手续和程序等方面作出适应性调整，便于商业银行及时、合规地核销呆账，冲抵相应的拨备，改善人民币跨境业务质量，提高抵御风险能力。六要加大对人民币国际化条件下金融稳定的维护。财政风险与金融风险可以相互转化，维护金融稳定既需要金融手段，也需要财政手段。在防范化解系统性金融风险过程中，财政发挥着不可替代的作用。通过保持财政状况的稳健，增强国际社会对人民币的信心；对人民币国际化过程中出现的系统性金融风险隐患，及时提供财政救助，如设立金融风险救助基金、对问题金融机构注资或资产处置提供支持等，通过多种财政手段加以消除。

五、人民币国际化与税收政策支持

（一）从税收视角看人民币国际化

1. 税收政策与人民币国际化的联系。

税收政策作为一种间接干预手段，通过对需求、供给、外资及国际贸易等因素的作用，对产业结构演进构成了影响。大致可分为：一类是产业调整导向的税收措施，如对特定产业实施的税收优惠、促进劳动力随产业结构变动而流动和鼓励中小企业发展的税收政策等；另一类是促进技术进步、劳动力素质提高的税收措施等。

税收政策通过关税税率水平和税率结构的设置来影响国际贸易。通过关税税率水平的调节，不同程度地提高进口商品的价格，降低国内市场对进口商品的需求，从总体上为国内产品保持足够的市场份额，使国内各产业的发展不受进口商品的冲击；通过关税税率结构的设置，提高关税的有效保护率，以保护国内特定产业；对部分国内稀缺产品征收出口税，抑制其出口，以满足国内其他产业发展需要；通过对进口的倾销商品课征反倾销税来提高进口倾销商品的价格，遏制其倾销。关税政策是国家运用关税为达到其特定经济、政治目的而采用的行为准则，是国家经济政策、政治政策和社会政策在对外贸易活动中的具体体现。关税具有较强的调节作用，可调节国家对外经济贸易关系，进出口税中的进口税率设有优惠税率和普通税率；可调节对外经济贸易活动的方向，不同的税率和关税待遇可以调节生产、消费和流通；关税在调节一国进出口商品总量和结构的同时，也调节了世界经济整体内商品的流动和国际资源的配置。

税收政策通过出口退税政策影响国际贸易。实施出口退税政策是一种国际惯例，在出口补贴政策受到 WTO 严格限制的同时，出口退税政策被 WTO 认可。出口退税政策分中性退税和非中性退税政策。所谓中性退税政策，即严格遵循"征多少、退多少"原则的退税政策，而非中性退税政策则是加进了调控职能的退税政策，即根据产业政策的要求，根据不同产业的出口产品实施不同的出口退税率，以在促进出口的同时，调整出口产品的结构。

进一步分析发现，税收政策与人民币国际化具有密切联系。一方面，税收政策在产业结构调整、国际贸易优化以及人民币国际化的促进作用发挥上具有较强的同向性。税收政策可以有效调整产业结构，提高劳动生产率，增强国际贸易的竞争力，这些都能根本上坚实人民币的强势基础。另一方面，税收政策具有作用面广、方式多样、运用灵活、操作成本低等优势，对人民币国际化可产生较强的定向性作用。随着人民币国际化的战略和全局意义日益突出，可根据人民币国际化的具体需求和特点，设计和推出相应的税收支持政策。

2. 税收对资金跨境流动的影响。

税收是影响资金跨境流动的重要变量。大部分经常项下和部分资本项下的交易均涉及纳税问题，税收通过影响资金跨境流动的收益直接改变了行为主体的利益动机，异常资金跨境流动往往也伴随着逃避税行为。在目前人民币资本项目管制的制度环境下，人民币资金跨境流动必须要有真实的交易背景，这种人民币对外收付的真实性审核既需要税收制度的配合，也是对税收征管效果的促进。

（1）税收对货物贸易项下人民币资金跨境流动的影响。假定企业追逐人民币资金的跨境套利，为规避贸易真实性的审核要求，采取进口货物低值高报的方式，以实现多向境外转移人民币资金。企业将套利资金用于在境外投资而放弃在境内投资，这样，套利收益便为该笔资金分别在境外投资和境内投资的收益差额，套利成本则是对低值高报部分的货值所多缴纳的进口税收。令：多转移的这部分人民币资金数量为 Q，套利净收益为 P，i^* 为境外投资综合收益率，i 为境内投资综合收益率，进口征收综合税率为 r，s 为影响收益的其他因素，f(s) 是 s 的函数，即对净收益的影响值。企业套利净收益的表达式如下：

$$P = Q \times (i^* - i) - Q \times r + f(s)$$
$$= Q \times (\Delta i - r) + f(s) \qquad (式6.1)$$

为简化分析起见，不妨设 $f(s) = 0$。当 $\Delta i > r$ 时，$P > 0$，企业选择多向境外转移人民币资金；当 $\Delta i < r$ 时，$P < 0$，企业放弃套利动机；当 $\Delta i = r$ 时，$P = 0$，企业任一选择都没有差异。

进口征收综合税率是影响企业跨境套利动机的重要因素，因此，应关注国家进口税收政策的调整，动态预测套利倾向。而企业假借免税、低税产品进口，可获得较高的套利净收益，这也是企业货物贸易项下套利的主要通道，必须重点加强对免税低税产品进口对外支付人民币的真实性审核。

（2）税收对服务贸易项下人民币资金跨境流动的影响。假定企业虚构一笔服务贸易进口，以转移人民币资金用于境外套利。套利收益可表示为人民币本金在境外、境内的投资收益差额，套利成本则是对虚构的服务贸易进口货款所缴纳的税额，税率为 t。套利净收益的表达式如下：

$$P = Q \times (i^* - i) - Q \times t + f(s)$$
$$= Q(\Delta i - t) + f(s) \qquad (式6.2)$$

设 $f(s) = 0$。若企业逃税成功（$Q \times t = 0$），企业是否套利便取决于 i^* 和 i 的比较；若企业无法逃税，Δi、t 的差额则决定了企业的套利动机。

服务贸易税率的高低是影响套利净收益的重要因素之一。服务贸易项目五花八门，对应的税率各不相同。企业通过选择税率较低或免税的项目套利，可实现套利收益最大化。为此，应重点监管税率较低或免税项目的人民币对外支付行为。

（3）税收对直接投资项下人民币资金跨境流动的影响。一国税收制度将影响该国投资的收益水平，税收差异则是影响外资流入的重要因素。我国为了吸引外商直接投资，长期以来对外商投资企业提供"超国民待遇",实行了优惠于国内中资企业的税收政策。税收优惠已是我国吸引外商直接投资的重要政策手段。

（二）发挥税收政策对人民币国际化的促进作用

一是结合人民币国际化的需要,调整关税政策,改进我国贸易条件,或根据不同行业、产品的优势,采取不同税率,有针对性地提高进出口能力,从而便利货物贸易渠道下的人民币跨境流通。二是完善出口货物退（免）税政策,不断扩大跨境贸易人民币结算的出口退（免）税企业名单,促进货物出口项下人民币结算业务的增长。三是加快我国服务贸易的税收改革,推动服务贸易由全额流转税征管模式向增值税模式转型,降低服务贸易的税负,提高服务贸易的国际竞争力,带动服务贸易下的人民币结算。四是充分发挥税收的杠杆作用,促进企业开拓国际市场。我国企业"走出去"尚处于起步阶段,境外投资风险大,有必要建立包括折旧准备金、呆账准备金、亏损准备金等在内的企业境外投资风险准备金制度,以帮助企业提高风险防范化解能力。五是加强国际税收政策协调。全球各地的税制结构存在较大差异,增加了国际贸易投资活动的交易费用。可考虑根据人民币国际化的需要,通过国际交流合作,加快自由贸易区建设,有效减少关税障碍,推动境外直接投资的税收抵免,以及人民币境内再投资的税收优惠,从而增加国际贸易投资的便利化,带动人民币跨境业务的发展。

六、人民币国际化与政策性金融支持

（一）从政策性金融视角看人民币国际化

政策性金融具有财政和金融的双重属性,它直接体现着政府意图,是重要的财政政策工具,同时又具有金融的信用属性,成为整个社会信用体系的组成部分。从资源配置角度看,政策性金融和政府财政存在显著差异和严格分工，如何形成一个财政间接支持，或者以财政为后盾，引导、调度各方面共同参加，以达到较高的公共财政绩效的政策性金融运行体系，一直是各国财政与金融在实践中不断探索的课题。

政策性金融机构按照国家发展战略为一些特殊行业、企业、部门和地区提供特殊的金融支持，同时也为商业性金融机构的完全市场化运作提供条件。为了实现产业政策等特定的政策目标，在利率、贷款期限、担保条件等方面予以优惠，并有选择地提供资金。旨在支持一些政府计划优先支持的产业发展，这些产业或具有较高的社会回报，或因风险过高不能吸引私人资本进入，或存在较严重的信息不对称问题，需要政府通过政策性金融来给予融资支持。从国际经验看，政策性金融机构特别是政策性银行的产生和发展，都与各个国家的实际需要相适应。如美国的两房公司实际上属于政策性机构，目的在于促进房地产信贷发展。德国的复兴信贷银行属于全能银行，业务范围涉及保险、贷款、担保等。美国的政策性银行业务比较单一，比如进出口银行，只是从事贸易贷款，后改为以保险担保为主。日本的国际协力基金和进出口银行合并从事海外投资，原来只是贸易，目前日益转向海外投资。这些政策性机构的发展演变都是和经济发展的不同阶段相适应的。中国的政策性银行发展，应该借鉴世界经验，考虑我国现阶段和今后一段时期的发展需要，与具体国情相适应。

政策性金融不仅仅限于政策性金融机构的业务。政策性金融是加入政府较强调控作用的金融资源配置机制，包括政策性融资业务，也包括其他的政策性金融服务业务，如政策性保险、政策性担保等。政策性金融虽然同其他资金融通形式一样，具有融资性质和有偿表象，但其重要的个性特征是政策性和优惠性。政策性，主要体现为政府为了实现特定的政策目标而实施的金融的或与金融关联的手段；优惠性，即其在利率、贷款期限、担保条件、配套举措等方面，比之商业性的融资要更加优惠（贾康，2010）。

人民币国际化事关我国经济社会发展的大局和全局，需要借助政策性金融手段加以推进，且应成为政策性金融支持的重点。首先，人民币国际化走的是一条尊重市场需求和规律以及政府推动相结合的道路，不可能完全靠市场自发演进，也不可能完全由政府包办。政策性金融是财政与金融的有机结合，是人民币国际化市场需求原则导向与政府顺势推动的有机结合。推动人民币国际化应是政策性金融面临的新形势和新任务。其次，政策性金融可以有力地为人民币国际化起到政府增信作用。政策性金融所带来的政府增信不同于简单的财政信用，也不只是依靠财政补贴与国家贴息资金运转，而是在依靠政府信用的基础上，运用和放大政府信用在市场建设中的功能和作用，将政府的组织优势与政策性金融机构的专业化管理优势和特殊融资机制相结合，形成组织增信的社会功能，增强人民币的国际信用。再次，人民币跨境业务是个新生事物，由于信息不对称，商业性金融机构希望"搭便车"，缺乏率先尝试并大规模展开的动力。人民币跨境业务发展需要具备一些良好的、严格的宏观经济环境和微观基础作为先决条件，但不可能一开始就完全具备，所以必须走政府有控制、有引导、有鼓励的发展之路，也就是通过政策性金融来弥补这种市场缺陷。另外，在政策性金融的提供方式上，不限于政策性金融机构开展人民币国际化业务，还可以采取其他有效方式如政策性金融业务外包给商业性金融机构办理。

（二）借助政策性金融促进人民币国际化

一要发挥政策性金融机构对人民币国际化的推进作用。中国政策性银行始于1994年。国家开发银行主要业务包括支持基础设施、基础产业和支柱产业项目建设，支持国家区域发展政策，承担国际金融组织转贷款等业务。指导战略之一是走出去，尤其是以能源和矿产资源为主导的走出去战略，在运作过程中和政治、经济、外交等结合在一起。中国进出口银行作为贯彻国家外贸政策的政策性银行，主要为大型机电成套设备出口提供买方信贷和卖方信贷，目前业务范围已扩大到政府外援、船舶出口、海外投资、对外工程承包和高新技术产品出口等方面，同时开展对外担保、结算和咨询等中间义务，以及外国政府贷款转贷业务。中国出口信用保险公司是我国唯一承办出口信用保险业务的政策性保险公司，主要业务是积极配合国家外交、外贸、产业、财政、金融等政策，通过政策性出口信用保险手段，支持货物、技术和服务等出口，支持中国企业向海外投资，为中国企业开拓海外市场提供外汇风险保障等。这些机构在不同阶段有不同重点，且经过多年发展已具备全面开展人民币跨境业务的较好基础。当前，一方面要正式赋予政策性金融机构推进人民币国际化的职能，明确其定位、业务和责任；另一方面，这些机构要主动适应人民币国际化的发展需要，将人民币跨境业务纳入发展规划并融入到各业务环节，加快相应的业务转型和服务网络建设，从而尽快形成一个完整的支持人民币国际化的政策性金融机构体系。

二是完善政策性金融促进人民币国际化的服务方式。（1）加大人民币跨境业务的政策性贷款力度。发挥该类贷款期限长、利率优惠等优势，对符合支持条件的资金需求者及时发放人民币贷款。（2）提供人民币跨境业务的政策性担保。为符合支持条件的融资对象向商业性机构提供信用担保，降低商业性金融机构开展人民币跨境业务的资金风险。（3）提供人民币跨境业务的政策性贴息。财政在商业性金融机构向政策性支持对象发放贷款时，以承担部分甚至全部利息的方式，直接将部分资金支付给商业性金融机构以弥补其承担的人民币跨境业务的政策性风险。（4）提供人民币跨境业务的政策性保险。对人民币跨境业务受到政策性支持的领域，通过坚持保险原则经营业务，但所收保费可能不能弥补其承担的风险，其出现的政策性保费亏损由政府进行弥补。（5）创设人民币跨境业务的专项引导基金或开发性基金。如政府的人民币对外援助、人民币对外直接投资等方面的专门基金，该类基金应撬动或联合社会基金一起进行资金支持。（6）采取招投标方式。政策性支持的项目，可向商业性金融机构招标，经过专家评标后，选定中标的商业性金融机构办理人民币国际化的政策性业务。

三是突出政策性金融支持人民币国际化的重点。（1）在人民币跨境流通的贸易进出口渠道方面，目前我国在进出口领域的政策性金融机构有进出口银行和出口信用保险公司，今后应进一步扩大进出口业务的政策性金融覆盖面；加大跨境贸易人民币结算的政策性金融支持力度；配合国家进口战略的实施和贸易结构的转型，加快发展与进口业务有关的人民币买方信贷等相对薄弱的业务。（2）在政策性金融支持与企业"走出去"方面，大力支持企业以人民币进行境外直接投资、海外并购等活动；更好地将人民币对外投资、对外信贷、对外担保、对外保险等业务有机组合起来，增强对"走出去"企业的后续金融支持，扩大相应的人民币跨境业务规模；面向非居民提供人民币资金来源和运用渠道；随着企业的境外发展，政策性金融机构也要加快"走出去"步伐，以提供相应的人民币金融业务网络。（3）在人民币跨境业务与能源、矿产资源等大宗商品交易方面，要加强行业的集体行动和国际议价能力，尽快提高大宗商品进出口的话语权和定价权，增强相应的人民币结算的强势地位；从事能源、矿产资源进出口的多为大型企业集团，政策性金融要引导其充分利用全球业务网络的优势，促进其将进出口、境外投资等业务与人民币结算有机结合，在境内外的关联公司之间以及全球业务伙伴中更多地使用人民币。

四是构建政策性金融支持人民币国际化的风险共担机制和完善利益补偿机制。建立政策性金融支持人民币国际化的绩效评价体系，科学合理地界定人民币国际化业务的政策性成分，在此基础上构建政策性金融机构、商业银行、财政部门、企业等相关主体之间的风险共担机制以及对政策性业务风险的利益补偿机制，即政府应以合理形式适当补偿政策性业务所产生的亏损，进而实现与人民币国际化有关的政策性金融业务的可持续发展。

七、人民币国际化与国债政策支持

（一）从国债视角看人民币国际化

国债是中央政府以信用形式有偿筹集财政资金的一种方式，是国家信用的重要表现，理论上，国债作为政府信用工具，是财政政策与货币政策的协调配合机制，具有弥补财政赤字，筹集建设资金，调整宏观经济运行等多种功能（贾康，2011）。随着信用制度的发展，国债已经从一种财政信用发展为调节货币供求、协调财政与金融关系的重要手段，从而成为财政政策和货币政策协调搭配的一个最基本的结合部。国债的这种特殊纽带作用主要是国债本身具有财政职能和金融职能的双重属性决定的。国债的财政职能是指国债可作为政府筹集财政资金、弥补财政赤字的重要手段，其规模和结构的调整是财政政策实现扩张或收缩的重要工具。国债的金融职能是指国债作为一种金融工具和金融资产，体现着特定的债权债务关系。国债作为无风险金融资产，既是各类金融机构和非金融机构进行资产组合的重要选择，也是构造金融衍生产品并进行定价的基础。更为重要的是，作为核心金融市场，国债市场上形成的利率期限结构，能够反映无风险的利率水平以及利率的长期变化，是形成整个金融市场利率水平的重要基准。进入到二级市场后，国债凭借最高的信用等级和较强的流动性，往往成为一国中央银行进行公开市场业务操作的主要工具，成为中央银行投放或回收基础货币的重要手段。国债规模的大小以及期限结构的搭配是影响货币政策操作空间和效率的重要因素。政府在决定国债的规模和期限时，不能简单地考虑财政赤字和预算平衡的需要，还应考虑金融市场运行和货币政策调控的需要。

以国债为核心的债券市场是货币交易和贮藏的主要平台，该市场国际化程度如何，直接影响到该国货币的国际地位。只有当本国国债发行实现市场化，才能确定无风险的国债收益率，其他债券发行才能据此定价。收益率曲线本身是国债收益率的集中体现，而收益率由市场交易得出，是供需双方愿意接受的市场利率。其交易的证券发行主体主要是政府，若没有足够的政府债券用于交易，则市场力量再大也难以形成一个成熟的收益率曲线，所以收益率曲线的形成需要政府的支持和培育。而只有本国债券市场实现了市场化，才能出现有深度和广度的金融市场，投资者才能相互匹配其不同的信用风险、汇率风险和利率风险，并最终建立一个有效的国际金融市场。否则，非居民没有获得、管理人民币资金流动性的最终场所，就会缺乏持有、使用人民币的意愿。因此，建立发达开放的人民币国债市场是人民币国际化的基础。人民币国际化需要一个全球人民币流动性管理的场所作为依托，面向全球开放的国债市场是最佳选择。

（二）发挥国债政策对人民币国际化的促进作用

发展以国债市场为代表的规模足够庞大、流动性足够充沛的资本市场，为人民币作为国际重要资产交易的计价、储备货币等运用提供市场基础。近年来，短期国债发行存量不足的问题给中央银行公开市场操作带来了一定的制约。从 2002 年年末开始，为防范通货膨胀压力加大，中国人民银行因国债存量不足被迫大规模发行中央银行票据对冲基础货币，中央银行票据已成为货币市场的主体交易品种，也成为中国人民银行回收流动性的主要手段。但用中央银行票据替代国债工具具有一定局限性：中央银行必须在收益率和流动性方面为金融机构提供优惠条件；中央银行票据只能在金融系统内部循环，国家无法用这笔资金进行社会投资；中央银行票据的滚动发行对同期限国债品种发行产生挤出效应。虽然从 2006 年起，我国国债发行采取了国债余额管理方式，短期国债发行量有可能会取得突破，但短期内中央银行票据在公开市场操作中的主导地位不会改变。财政部和人民银行在国债品种发行上应加强沟通和创新，可将现有的中央银行票据存量转化为短期国债，并由人民银行代理财政部发行短期国债。今后，应结合人民币国际化的需要，丰富国债品种，拓宽国债发行渠道，改进发行方式，扩大发行市场，放宽非居民在国内投资国债市场的条件，从而成为境外人民币管理的最终金融市场提供者。

在促进境内国债市场发展和开放的同时，要大力支持境外人民币债券市场发展。2007 年以前，国际金融市场上还没有以人民币标价发行的债券，而以美元、欧元计价发行的债券已经超过等值上万亿美元，以日元计价发行的债券也达到等值上千亿美元。国家开发银行于 2007 年 6 月 27 日在香港发售总额为 50 亿元人民币的首只人民币债券，实现了在国际金融市场上以人民币标价发行债券零的突破。2009 年 9 月 27 日中央政府在香港发行 60 亿元人民币国债，这是我国首次在内地以外的地区发行以人民币计价的国债。2011 年 8 月，财政部又在香港发行 200 亿元人民币国债，其中通过香港债务工具中央结算系统（CMU）面向机构投资者招标发行150 亿元，包括 3 年期 60 亿元、5 年期 50 亿元、7 年期 30 亿元、10 年期 10 亿元；面向个人投资者发行 2 年期 50 亿元。今后，要推动在香港发行人民币国债常态化，为内地机构在香港发行人民币债券提供定价基准，增加人民币债券发行品种，促进香港离岸人民币业务发展。

八、小　结

人民币走向国际货币，实际上是向国际社会提供一种公共的货币产品和金融服务。根据中国实际情况，人民币国际化应走一条市场自发演进与政府顺势推动相结合的道路。人民币国际化涉及经济金融各领域的综合性改革，为此，推进人民币国际化既需要微观层面，也需要宏观层面的金融财税政策支持。微观层面的政策支持重点在于遵循货币国际化的市场导向和需求选择，通过必要的政策激励，增进市场主体使用人民币的净收益。宏观层面的政策支持重点是建立有效的货币金融制度和高效的宏观调控体系，在持续推进人民币国际化的同时，确保宏观经济的有效运行。

金融财税政策支持对人民币国际化可产生以下传导效应：诱导效应、杠杆效应、聚焦效应和规模效应。

微观层面的金融财税政策支持主要体现在：外汇管理政策支持、汇率政策支持、财政政策支持、税收政策支持、政策性金融支持和国债政策支持等政策支持。

第七章　宏观层面：人民币国际化的金融财税政策支持

本章侧重从宏观层面论述人民币国际化的金融财税政策支持。重点分析如何完善人民币国际化条件下的宏观经济金融调控、国际政策协调和宏观审慎监管，实现国民经济内外均衡目标和维护金融稳定，从而使人民币国际化具备持续、良好的宏观经济基础。

一、人民币国际化条件下的政策目标

（一）内部均衡与外部均衡

在封闭经济条件下，市场经济的有效运行离不开政府的宏观调控，旨在实现经济的稳定与发展。在开放经济条件下，商品以及资本、劳动力等生产要素跨越国界流动，通过商品与要素的跨境流动，一国与国际市场紧紧联系在一起。这种开放性对经济产生双重性影响，既提供了封闭经济不具备的许多有利因素，也对经济的稳定与发展造成了较大冲击，而开放经济依靠自身运作无法解决这一矛盾。因此，在开放经济条件下，政府调控经济的中心任务是，在实现经济稳定与发展的同时，确定经济合理的开放状态，并解决二者之间的冲突，也就是指实现内部均衡和外部均衡。

开放经济下的政策目标可概括为内部均衡和外部均衡等两大部分。经济增长、价格稳定、充分就业等反映经济内部运行情况的政策目标可归入内部均衡目标，鉴于经济增长是个长期任务，且应通过市场机制的自身运作来持续推动，可暂不考虑，所以内部均衡一般指国民经济处于无通货膨胀的充分就业状态。外部均衡是指与一国宏观经济相适应的合理的国际收支结构，或简单表述为，与一国宏观经济相适应的合理的经常账户余额。确定外部均衡目标的关键在于确定合理的经常账户余额，一般要求该余额符合经济理性和可维持性的要求。从经济理性的角度看，经常账户余额反映的是投资与储蓄在全球范围内配置的优化，因此确定一国经常账户余额目标的基础是其国内储蓄、投资与其他国家之间的差异，而这由各国不同的消费时间偏好与资本生产率决定；从可维持性的角度看，一国存在的跨时期预算约束要求一定时期内的经常账户赤字必须通过后续的经常账户盈余弥补。

内部均衡与外部均衡相互影响。当一国采取措施努力实现某一均衡目标时，该措施可能会同时带来另一均衡目标的改善，也可能对另一均衡目标造成干扰或破坏，前者被称为内外均衡的一致，后者被称为内外均衡的冲突。内外均衡冲突的根源在于经济的开放性，主要因素包括国内经济条件的变化、国际间经济波动的传递、与基本经济因素无关的国际资金的投机性冲击等。

内外均衡的冲突严重程度随经济开放程度不同而动态变化。当一国经济完全不与他国往来时，即在完全的封闭经济条件下，该国不存在内外均衡的矛盾，如图7-1中的O点；当一国经济走向开放，内外均衡的矛盾随之产生，且矛盾的尖锐度迅速增加，如图7-1中的O点到A点，A点到B点（对应图7-2中的OB线）；随着开放度的进一步提高，内外均衡的矛盾继续扩大，但边际程度开始下降，如图7-1中的B点到C点，C点到D点（对应图7-2中的BO_4线）；当该国经济开放度达到相当高的水平后，内外均衡的矛盾反而趋向越来越小，如图7-1中的D点到E点；如果该国经济与全球经济完全融为一体，则不存在内部均衡与外部均衡的区别，内外均衡的矛盾就接近消失，如图7-1中的E点之后。但这只是一种理论抽象，现实中并不存在完全的对外开放。我国目前正处于经济开放度上升的过程中，内外均衡目标的冲突正处于剧烈增长的阶段，类似图7-1中的 A 点。而美国等发达国家大致处于 B 点和 D 点之间。

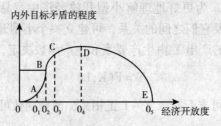

图7-1　经济开放与内外政策目标冲突

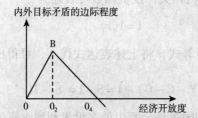

图7-2　经济开放与内外政策目标冲突程度

（二）人民币国际化条件下的开放经济环境

20 世纪后半叶以来，中国经济经历了由封闭走向开放的过程。人民币国际化标志着中国的对外开放进入了一个新的时期，达到了一个新的高度。随着人民币国际化的推进，中国与世界经济的依存性和融合度进一步提高，本币国际化为开放经济注入了新的内容，内外均衡问题将变得更加复杂。为此，应深入分析开放经济的环境变化，并将其作为解决内外均衡问题的切入点。

在人民币国际化开始之前，中国对外开放程度较低，从对世界经济的影响来看，大致属于小型开放经济（就已开放的部分而言）；人民币国际化则意味着中国逐步走向大型开放经济，这是中国开放经济环境的根本变化。

小型开放经济指该经济体是世界经济市场的一小部分，其经济活动对其他国家的经济活动影响有限，小型开放经济中的利率 r 等于世界利率 r^*。为更好地理解小型开放经济中贸易流动和资本流动的情况，以及它们之间的关系，可建立一个小型开放经济模型：

该经济体的产出 Y 由生产要素和生产函数决定，可表述为：

$$Y = F(K, L) \qquad \text{（式 7.1）}$$

消费 C 与可支配收入 Y – T 正相关，消费函数可表述为：

$$C = C(Y - T) \qquad \text{（式 7.2）}$$

投资 I 与利率 r 负相关，投资函数可表述为：

$$I = I(r) \qquad \text{（式 7.3）}$$

根据国民收入恒等式，将上述表达式代入，可得出：

$$NX = (Y - C - G) - I = S - I = \bar{S} - I(r^*) \qquad \text{（式 7.4）}$$

式 7.4 表明，该国贸易余额由处在世界利率水平的储蓄与投资之间差额决定。当国内储蓄低于国内投资时，国内投资者向国外借贷；当国内储蓄大于国内投资时，余额则贷给其他国家。在封闭经济中，实际利率的调整使得储蓄和投资均衡；而在一个小型开放经济中，利率由世界金融市场决定，储蓄与投资之间的差额决定了贸易余额。

大型开放经济不同于小型开放经济是因为其利率并不由世界金融市场确定，应考虑利率和国外净投资（NFI）之间的关系。国外净投资是指国内投资者贷给国外的量减去国外投资者贷给国内的量。当国内利率下降时，在国内发放贷款的吸引力减弱，国内投资者为追求更高收益，会贷款给国外，同时，国外投资者也会减少对国内的贷款。因此，国外净投资与利率负相关。将这种关系代入短期国民收入模型：

$$Y = C(Y - T) + I(r) + G + NX(e) \qquad (式 7.5)$$

$$M/P = L(r, Y) \qquad (式 7.6)$$

$$NX(e) = NFI(r) \qquad (式 7.7)$$

式 7.7 表示在外汇市场达到平衡状态时，贸易余额 NX 等于国外净投资 NFI。将式 7.7 代入式 7.5 后得出：

$$Y = C(Y - T) + I(r) + G + NFI(r) \qquad (式 7.8)$$

式 7.8 对应 IS 曲线，式 7.6 对应 LM 曲线。这与封闭经济中的 IS – LM 模型相似，主要差别在于利率可以通过两种途径影响支出：利率不仅对国内净投资有影响，还对国外投资产生作用。

要判断任何一种政策对大型开放经济的影响，可以综合这种政策对封闭经济和小型开放经济的影响效果。例如，要判断货币扩张对大型开放经济的短期影响，可分拆为三步：（1）封闭经济中，扩张性货币政策使得利率下降，投资增加，从而收入增加；（2）小型开放经济中，扩张性货币政策使得本币贬值，净出口增加，从而收入增加；（3）综合前两种情况，扩张性货币政策对大型开放经济的影响表现为利率下降，投资增加（包括国内投资和国外净投资），本币贬值，净出口增加，收入增加。可见，大型开放经济环境远比封闭经济和小型开放经济复杂。

（三）人民币国际化不同发展阶段的内外均衡目标

人民币国际化对内外均衡目标的影响存在增进协调和加剧冲突的双重可能。人民币国际化条件下，国内经济部门和对外经济部门更加密切地联系在一起。由于这两个部门的运行既密切联系又相对独立，在某些条件下可能朝相同方向变化，也可能出现各自向不同方向的变化，从而产生宏观经济政策目标更加一致或面临更大冲突的情况。这种增进协调的影响主要体现在：推进人民币国际化是个重大系统工程，需要中国经济保持持续快速健康的增长，以及进行相应的经济金融改革，这些经济金融基础的改善有利于内外均衡目标的实现；人民币作为国际货币，增强了中国宏观经济政策的主动性、自主性和国际话语权，拓展了内外均衡实现的活动空间。而加剧冲突的影响主要是：随着人民币国际化作为一个新的重要变量的加入，宏观经济拥有更多的政策目标；目标之间的关系更加错综复杂；针对某一目标的措施可能会对其他目标产生较大连带影响；政策目标受到来自他国外部冲击的干扰加大；推进人民币国际化的国内经济金融改革风险，也会影响到内外均衡目标。

人民币国际化对内外均衡目标的影响程度，在人民币国际化的不同发展阶段有不同表现。根据人民币国际化程度的高低，人民币国际化大致可分为起步阶段、中间阶段和成熟阶段三个发展阶段。相应地，政策目标也将经历一个先由少到多、由简单到复杂，再由多到少、由复杂到简单的过程。政策目标最复杂、处理难度最大的是中间阶段。

1. 人民币国际化起步阶段的内外均衡目标。

在该阶段，人民币只是履行小部分的国际货币职能；跨境人民币业务增速较快，但规模小，占国际贸易结算、金融交易等总量的比重低；人民币跨境流动渠道有限；境外第三国之间直接使用人民币结算不多；非居民参与境内人民币金融市场活动的程度不高等。目前，我国正处于人民币国际化的起步阶段。

从绝对数量或静态角度看，由于人民币国际化的规模小，所以现有的内外均衡目标受到的直接影响不大。但从发展趋势或动态角度看，为顺应人民币国际化的持续向上发展势头，则需要内外均衡目标做好充足的调整准备。主要原因在于，为了满足人民币国际化的条件，对涉及内外均衡的一些指标要求更严。一是人民币国际化是中国综合国力的反映，保持良好的经济增长指标是人民币国际化的基础；二是他国是否有足够的意愿接受和使用人民币，取决于人民币的国际信誉，而人民币对内和对外价值的稳定直接影响到其货币品质和国际信心，这就对物价稳定和汇率稳定的目标提出了更高要求；三是为防范化解人民币国际化带来的跨境资金流动风险，需要更合理的国际收支结构，减轻国际资本过多流入或过多流出的冲击；四是汇率目标的重要性开始显现。随着跨境贸易人民币结算业务的扩大，要逐步退出盯住美元制度，转向以主要经贸往来国家为基础的篮子货币制度，更多地发挥汇率贴近经贸活动和调节国际收支的作用。

2. 人民币国际化中间阶段的内外均衡目标。

在该阶段，人民币已经履行部分的国际货币职能；跨境人民币业务达到较大规模，在国际贸易投资、金融交易等结算总量中占据相当的比重；人民币跨境流动渠道多元化并且比较畅通；他国接受和使用人民币的意愿度较高，境外第三国之间的部分经贸活动直接使用人民币结算；非居民参与境内人民币金融市场交易比较活跃等。由目前人民币国际化的起步阶段发展到未来的中间阶段，将是一个较长的国际竞争过程。

由于人民币国际化在该阶段已成为国民经济运行的重要组成部分，所以对内外均衡目标会产生全面、深刻的影响。这种影响同样具有双重性。一方面，人民币国际化能够从起步阶段跃升到中间阶段，本身就说明中国综合国力和国际竞争力得到显著提升，这同时巩固了内外均衡的基础；另一方面，在人民币国际化的中间阶段，中国对外开放程度达到了前所未有的水平，需要应对来自内外各方面的冲击，经济运行的不稳定性和脆弱性较高，从而明显加剧了内外均衡目标的冲突。具体而言：

（1）内外均衡目标的数量显著增多。①在内部均衡目标方面：对于经济增长目标，从过去偏重经济增长的数量指标，到更加强调经济增长的质量指标，如生产的集约化程度、对资源消耗程度、产品附加值大小；从偏重总体的国民生产总值到强调人均国民生产总值的大小。对于物价稳定目标，既要关注国内的通货膨胀水平，也要关注国际上主要国家通货膨胀的变化，以及国内外之间的通货膨胀率差异和变动趋势；既要分析总体的通货膨胀率，也要分析消费、生产等主要领域的物价变动；既要关注名义通货膨胀率，也要关注国内外因素共同作用下的实际通货膨胀水平。对于充分就业目标，当人民币国际化到达中间阶段，中国的人口结构相对目前情况将发生较大变化，人口红利减弱，人口老龄化加重，劳动力素质呈现新的特点。②在外部均衡目标方面，对于国际收支平衡目标，国际收支结构合理性的分析背景和判断标准发生了较大变化。由于人民币可以部分地直接用于清偿国际收支差额，人民币针对经常项目赤字有一定的融资能力，因此国际收支平衡目前由以前强调保持合理的经常项目账户余额逐步转向解决类似美元的"特里芬困境"问题，即如何处理好全球人民币的流动性与稳定性的关系。对于汇率目标，其重要性更加突出，人民币从以前盯住别国货币转向成为别国的名义货币锚。对于人民币自由兑换目标，人民币资本项目管制将明显减少。

（2）内外均衡目标之间的关系更加错综复杂。①从国际收支平衡与物价稳定目标之间的关系看，在人民币未国际化条件下，过大的国际收支顺差会倒逼人民币基础货币的投放，造成较大的国内通货膨胀压力；随着人民币国际结算达到一定规模，人民币跨境收付一定程度上替代了外汇资金跨境收付，隔断了以前"外汇资金净流入增加，中央银行进行外汇冲销干预以保持汇率稳定，投放相应基础货币、外汇储备扩大、通货膨胀压力增加"的被动循环机制，从而化解了国际收支顺差对物价稳定目标的压力。但与此同时，中央银行为抑制通货膨胀，采取提高人民币存贷款利率、收缩流动性等措施，但境外人民币受到境内外正利差的吸引而加速向境内回流，反而一定程度上会抵消国内抑制通货膨胀的政策效果。②从国际收支平衡与经济增长、充分就业目标之间的关系看，由于人民币可以直接用来弥补经常项目赤字，这提高了对国际收支逆差的容忍度，为投资增加、政府支出扩大提供了空间，从而促进了经济增长；经济增长的持续，又会带动就业状况的改善。③从汇率稳定与价格稳定目标之间的关系看，人民币直接用于国际贸易结算，既能帮助市场主体规避汇率风险，又能提高国内外价格的可比性，进而有利于国内价格的稳定。④从国际收支平衡、汇率稳定与充分就业目标之间的关系看，人民币国际化促进了国际贸易投资的便利化，在本国有闲置资源时，能更好地带动出口，有利于出口部门的就业增加；人民币直接对外支付可以支持更多的进口，围绕进口业务的产业链会不断延伸，从而会创造更多的、新的就业机会。

（3）需求管理型的政策目标与结构性的经济目标之间的关系需要协调。内外均衡目标属于短期性目标，主要依靠需求调节加以实现；结构性的经济目标包括收入分配的平等、地区发展的平衡、产业结构的升级换代、劳动生产率的提高和国际竞争力的增强等目标，属于中长期目标，主要通过供给政策来推动结构转型。经济发展方式落后和经济结构不合理是中国面临的一道中长期难题，微观经济基础不牢，单靠短期性的需求调节难以长期维持内外均衡，也无法持续推进人民币国际化。实际上，人民币国际化与结构性经济目标的实现都是一个较长的动态发展过程，有必要也有可能做到相互促进。关键在于如何将需求管理型的政策目标与结构性的经济目标统筹协调起来，有主有次，循序渐进，短中长期结合。

（4）目标多维性与工具有限性之间的矛盾可能加大。在人民币国际化的中间阶段，需要同时实现的经济目标数量达到最高峰值，呈现典型的目标多维性特征。为此，既要有足够的政策工具直接作用于这些经济目标，还要用于屏蔽各种外部冲击的干扰。但实际上，政策工具总是有限，不可能任意增加。

3. 人民币国际化成熟阶段的内外均衡目标。

在该阶段，人民币基本上全面履行国际货币职能；人民币广泛用于国际贸易投资、金融交易等活动的计价结算；人民币成为世界上主要的国际融资货币、国际投资货币和国际储备货币之一；境内人民币金融市场高度开放；境外人民币市场发达；人民币跨境自由流动等。人民币国际化由中间阶段发展到成熟阶段，将是一个漫长、充满变数的动态过程。国际货币发展历史表明，当初美元替代英镑而成为国际本位货币经历了一个长期的竞争过程；当今国际金融危机的爆发与蔓延，暴露出以美元为中心的国际货币体系的种种弊端，但美元作为唯一国际本位货币的地位依然牢固，欧元、日元、英镑等国际货币都无法企及。人民币国际化能否进入成熟阶段，一定程度上取决于国际政治经济格局的大变化和大调整，目前无法预料，也无明显现实意义。

总体上看，在人民币国际化的成熟阶段，内部均衡目标的数量将明显减少，内外均衡目标之间的冲突也会大为缓解。主要原因在于：一是国内经济与世界经济高度融合，外部均衡目标会逐渐淡出；二是国内经济结构难题已经解决，结构性经济目标明显减少；三是市场经济发达，价格机制、利率机制、汇率机制、资本自由流动机制等市场机制比较成熟，经济运行较少地依赖政府干预，从而显著减少政策目标。

二、人民币国际化条件下的政策调控

（一）开放经济下的宏观调控与政策搭配

1. 开放经济下政策调控的基本思想。

政策调控可分对内和对外，对内主要针对经济增长、物价稳定和充分就业等目标，对外主要针对国际收支平衡。关于政策协调的"丁伯根原则"与关于政策指派的"有效市场分类原则"是分析政策搭配的理论基础。

（1）关于政策协调的"丁伯根原则"。丁伯根（J. Tinbergen）最早提出了将政策目标和工具联系在一起的模型，指出要实现几种独立的政策目标，至少需要几种独立有效的政策工具。假定只存在两个目标 T_1、T_2 与两种工具 I_1、I_2，政策调控追求的最佳目标为 T_1^* 和 T_2^*。假设目标是工具的线性函数，即：

$$T_1 = a_1 I_1 + a_2 I_2 \qquad （式7.9）$$

$$T_2 = b_1 I_1 + b_2 I_2 \qquad (式7.10)$$

当 $a_1/b_1 \neq a_2/b_2$（即两个政策工具线性无关）时，可解出达到 T_1^* 和 T_2^* 所需要的 I_1 和 I_2 的值，即：

$$I_1^* = (b_2 T_1^* - a_2 T_2^*)/(a_1 b_2 - b_1 a_2) \qquad (式7.11)$$
$$I_2^* = (a_1 T_2^* - b_1 T_1^*)/(a_1 b_2 - b_1 a_2) \qquad (式7.12)$$

当 $a_1/b_1 = a_2/b_2$ 时，说明两种工具对两个政策目标有相同影响，决策者只有一个独立的工具而试图实现两个目标，这将难以成功。

当政府想要达到的政策目标为 N 个并考虑随机扰动时，可以将上述模型一般化为矩阵形式：

$$T = AI + B\omega \qquad (式7.13)$$

其中，ω 为政府无法直接控制的随机扰动项。矩阵 A 由各种政策工具对目标的效应系数 a_{ij} 组成，矩阵 B 由各种随机扰动对目标的干扰效应系数 b_{ij} 组成。若不考虑随机扰动，并且政策目标最佳水平为 T^*，则政策工具为：

$$I^* = A^{-1} T^* \qquad (式7.14)$$

（2）关于政策指派的"有效市场分类原则"。该理论由蒙代尔最早提出。每一目标应指派给对该目标有相对最大影响力、在影响政策目标上有相对优势的工具。如果在指派问题上出现失误，则经济会产生不稳定而距均衡点越来越远。根据该原则，蒙代尔区分了财政政策、货币政策影响内外均衡的不同效果，提出了以货币政策实现外部均衡目标、财政政策实现内部均衡目标的指派方案。

（3）评价。"丁伯根原则"仅仅是一种抽象的分析方法，它要求的全能的调控者和完全信息不符合实际情况，因为没有一个国家存在一个万能的中央调控机构来负责所有的经济目标和所有的政策工具，各种工具通常由不同决策机构掌握。蒙代尔方法虽然提供了一种较为简单的政策指派原则，但在复杂的现实经济环境中，这种简单规则难以保证稳定地实现多重经济目标。特别是在复杂环境下实现多重目标，需要加强各种工具之间的协调配合，而不同的政策工具属于不同部门，部门利益以及博弈会影响到政策效果。要想同时达到一定数量的政策目标，需要更多的政策工具，包括那些用于冲销来自他国冲击的干扰以及来自本国经济政策溢出效应和反馈效应的政策工具。另外，要对多重目标按照轻重缓急进行分层。政策目标和政策工具本身都具有层次性和类别性。虽然一国宏观调控要考虑许多政策目标，但不是所有的政策目标都具有同样的重要性和处于同一个层次。某些目标从属于另一些目标，而每个目标也都可以细分为若干个子目标。对政策工具来说，层次性更加明显，按照不同分类原则可以将政策工具划分为多个层次，从最基本、最高层次的政策工具到最专门、最低层次的政策工具，中间可以有很多层次。政策搭配由政策目标和政策工具对应组合而成，所以也相应具备多个层次。

2. 开放经济下的政策工具。

（1）调节社会总需求的工具。一是需求增减型政策，主要是财政政策和货币政策，主要调节社会总需求的水平，由此调节内部均衡；同时，社会总需求的变动又可借助边际进口倾向来影响进口和借助利率来影响跨境资金流动，由此调节外部均衡。二是需求转换型政策，主要是汇率政策与直接管制政策，可调节社会需求的内部结构，以影响外国商品劳务与本国商品劳务的结构比例。

（2）调节社会总供给的工具。包括产业政策和科技政策等结构性政策，旨在改善一国的经济结构和产业结构，增强社会产品的供给能力。供给政策的特点是长期性和微观性。从长期性看，供给政策的实施过程尤其是收到效果需要较长时间，不适合作为政策搭配的应急工具，但可从根本上改善内外均衡的基础。从微观性看，它所作用的对象基本上都是企业和个人等微观经济主体，通过微观经济主体的行为调整而收到成效，这是与其他宏观政策的不同之处。

（3）提供融资的工具。包括官方储备的使用和国际信贷的使用。对外部均衡调控的首要问题就是"融资还是调整"，若国际收支偏离外部均衡标准是临时性、短期性的，可以用融资方法解决；否则，需要采取其他手段纠偏。

（二）人民币国际化条件下内外均衡目标的实现

对于人民币国际化条件下内外均衡目标之间的冲突，可以在事前采取一些预防性措施，减少其发生的可能或减轻影响；也可进行事后冲销，以得到暂时性的矛盾缓解。但总的来说，解决目标冲突的最基本方法还是政策搭配，用多种政策工具的搭配组合实现多个经济目标。

1. 采取预防性措施。

（1）保持适度的对外开放水平。中国在从封闭经济走向开放经济的过程中，要始终对经济开放的速度、力度保持适当的控制，使经济的开放水平和经济的发展水平相适应，以此大大减轻内外均衡目标的冲突。否则，经济的开放水平滞后于发展水平或超前于发展水平都会加剧内外均衡目标的矛盾。人民币国际化将中国对外开放推向了一个新的高度，涉及面更广，难度更大，更需要同贸易、投资、金融等领域的改革开放保持协调，以获得更有效的支持配合。人民币国际化也是一个长期的、受到很多不确定因素影响的发展过程，采取由浅到深、循序渐进的推进方式比较恰当。

（2）保持合理的对外开放顺序。对外开放不是一个孤立的过程，而是经济改革开放整体战略的一个组成部分。各个领域的改革措施之间需要协调配合，存在合理安排顺序的问题。近年来，中国改革开放取得很大进展，国内实体经济部门、国内金融部门和对外实体经济部门的改革基本完成或接近尾声，目前改革开放的任务集中于对外金融部门，主要表现为利率市场化改革、汇率市场化改革、推进人民币资本项目可兑换、国内金融市场对外开放等任务。

这些都是改革开放的中坚项目，具有很大的全局性影响，彼此之间盘根错节。人民币国际化增强了推进这些项目改革开放的紧迫性和必要性，但与此同时，由于人民币国际化作为新变量的加入，更大大增加了问题的复杂性。为此，要根据人民币国际化的进程，协同推进相关项目的对外开放，始终保持好主次搭配和恰当的顺序安排。

2. 进行政策搭配。

在人民币国际化的不同发展阶段，内外均衡目标之间冲突的内在性质与外在表现都有较大差异。因此，有必要根据不同发展阶段的特点以及目标的层次性，采取"分阶段，分层次"的政策搭配方案。

首先是"分阶段"。在人民币国际化的起步阶段：大致可保持现有的政策搭配框架。突出问题是，目前不少部门对人民币国际化认识不够，重视不够，实质性的支持不够。关键在于，要尽快加强对人民币国际化的战略规划，建立健全集中决策、协调行动的工作机制。在人民币国际化的中间阶段：这也是政策搭配最艰难的阶段。基本思路是，内外均衡管理兼顾，总需求和总供给调节兼顾，短期调整和中长期调整兼顾。同时，对中间阶段进一步细分，针对每一小段的特征，采取相应的主次搭配措施。要尽可能地进行政策工具开发和创新，综合运用各种政策工具进行调控。在人民币国际化的成熟阶段：由于内外均衡目标之间矛盾的明显减少以及市场机制的完善，政策搭配的必要性将大为降低。

其次是"分层次"。主要用于解决在人民币国际化中间阶段政策目标多维性与政策工具有限性之间的矛盾。尽管目标多维，但不是所有目标在同一时点都同等重要。"层次性"方案在于集中相对有限的政策工具，优先满足不同时期的重点目标。第一层次：主要围绕宏观经济的内外均衡与经济的结构性问题进行政策搭配，重点在于做好短期政策与中长期政策的统筹规划，确保调控的前瞻性、可持续性和协调性。第二层次：内外均衡分解为内部均衡和外部均衡；结构性问题分解为产业政策、科技政策、劳动力政策、分配政策等。第三层次：根据第二层次中矛盾最突出的问题，运用适当政策工具进行调节。如对于内部均衡，要转变经济发展方式，提高经济增长的质量；对于外部均衡，要基本退出盯住美元，建立富有弹性的汇率形成机制，基本实现人民币资本项目可兑换，基本完成利率市场化改革，发挥利率机制引导资本流动的作用；对于结构性目标，要降低中国经济的对外依存度，坚持扩大内需战略，提高贸易竞争力等调节措施。

　　以上"分阶段，分层次"的解决方案仅是一般性的政策搭配情况。接下来，就人民币国际化条件下政策搭配的几个重点问题再逐一展开分析。

（三）人民币国际化条件下的存款货币创造机制

　　货币政策是宏观经济调控和政策搭配的核心变量。人民币国际化对货币政策的重要影响在于，人民币的信用扩张和供给机制发生了新的变化。有必要对人民币国际化条件下的存款创造机制进行深入分析。主要分析方法如下：

　　1. 乘数分析法。

　　假定某厂商在境内商业银行有活期存款 10 万元人民币，现将此存款转入境外商业银行成为境外人民币市场存款。这样，境外商业银行的资产负债表变化如图 7 - 3 所示（不考虑此前的账户情况）。

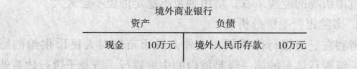

境外商业银行

资产		负债	
现金	10万元	境外人民币存款	10万元

图 7 - 3　境外商业银行资产负债情况（1）

　　假定境外商业银行保留 10% 的准备金，即把 1 万元人民币留存于境内商业银行，而将剩余的 9 万元人民币贷放给境外的人民币借款人，则其资产负债表变化如图 7 - 4 所示。

境外商业银行

资产		负债	
储备	1万元	境外人民币存款	10万元
放款	9万元		

图 7 - 4　境外商业银行资产负债情况（2）

境外人民币市场具有与国内金融市场上相似的存款创造过程：即一笔人民币存款进入境外人民币市场后，如果这笔资产的存贷都在境外市场上进行，那么这笔存款可以派生出一系列存款，常用式 7.15 表示存款派生乘数：

$$m = \frac{1}{1 - (1 - r)(1 - c)} \qquad （式7.15）$$

式中，m 表示货币乘数，r 表示法定准备金率，c 表示现金漏损比率。境外银行体系保留准备金占存款的比率越小，则境外人民币存款扩张乘数越大；而境外人民币放款再存入境外市场的比率越大，则境外人民币扩张乘数也就越大。境外人民币市场有其特殊之处，它不存在法定存款准备金限制，从理论上说该市场的存款创造趋向无限；同时，该市场的现金漏损比率 c 会相当高，在此表现为资金流入国内或其他国际金融市场，这又大大降低了货币乘数。从欧洲货币市场的经验来看，货币乘数不稳定但也不会太大。

2. 多阶银行系统分析法。

考察在三级银行体系下，境外人民币市场对人民币供给的影响。三级银行体系的第一级是境内的中央银行，流通于银行体系外的公众持有的通货和商业银行存于中央银行的准备金构成基础货币。第二级是境内商业银行，在中央银行以存款形式保有准备金。第三级是境外商业银行，以在境内商业银行的存款形式保有准备金。境外商业银行接受人民币存款，为保证这种存款，它们在往来的中国境内商业银行中保持存款准备金。境内商业银行在中央银行保有准备金，这既是为保证非银行公众的存款，也是为了保证境外商业银行的存款。货币供给定义为非银行公众在境内商业银行和境外商业银行的存款总和。公众和银行的行为包括三个方面：r_e，境外商业银行在往来银行中所持有的人民币准备金占吸收的境外人民币存款的比例；r，境内商业银行持有的准备金对其存款负债总额的比例；b，公众所愿意持有的境外人民币存款对人民币存款总额的比例。图7－5、图7－6、图7－7和图7－8是简化的资产负债表：

境内的中央银行		境内的商业银行	
资产	负债	资产	负债
A	R	R	D
		L	R*

图7－5　境内中央银行资产负债情况　图7－6　境内商业银行资产负债情况

境外的商业银行		公众	
资产	负债	资产	负债
R*	D*	D	...
L*		D*	

图7－7　境外商业银行资产负债情况(3)　图7－8　公众资产负债情况

其中，D 表示公众在境内商业银行存款，D^* 表示公众在境外商业银行的人民币存款；R^* 表示境外商业银行在境内商业银行的准备金，同时境外商业银行发放贷款 L^*；R 表示境内商业银行在中央银行的准备金，L 是其发放的贷款；储备资产为 A，境内中央银行所能控制的基础货币量为 A＝R。根据这些符号可表示为：

$$r_e = \frac{R^*}{D^*} \qquad\qquad （式7.16）$$

$$r = \frac{R}{D + R^*} \qquad (式7.17)$$

$$b = \frac{D^*}{D + D^*} \qquad (式7.18)$$

利用上述关系式，可推出公式：

$$M = D + D^* = K_1 \times A \qquad (式7.19)$$

人民币货币总量由 $D + D^*$ 组成。银行体系中基础货币变动引起人民币货币总量变动的乘数为：

$$K_1 = 1/r[1 - (1 - r_e)b] \qquad (式7.20)$$

即基础货币增加 ΔA，人民币供给总额将增加 $K_1 \times \Delta A$。

从式7.20可以看出，两个准备金率 r 和 r_e 越小，境外人民币存款占人民币存款总额比重 b 越大，货币乘数就越大（为简化起见，这里暂不考虑境外人民币回流境内带来的漏损以及不同存款准备金率的要求，但不会改变基本结论）。

接下来考察人民币的私人银行系统（境内商业银行加上境外商业银行）的合并资产负债表，如图7-9所示：

人民币私人银行系统

资产	负债
R	D
L	D*
L*	

图7-9　人民币私人银行系统的资产负债情况

当综合在一起时，境外商业银行的准备金 R^* 被抵消。给定某一基础货币量 R，能够支持 $1/r \times R$ 数量的境内商业银行存款，也能支持 $1/r \times R$ 数量的境外商业银行在境内商业银行的准备金存款，而后者又可支持其 $1/r_e$ 倍的境外人民币存款，所以基础货币 R 可支持数量 $1/r \times 1/r_e$ 的境外人民币存款。

3. 资产组合分析法。

该方法认为，将规定的乘数套用到境外人民币市场的信用创造上不一定合适。因为国内银行一般在法律法规约束下经营，而境外人民币市场是一个充分自由竞争的市场。在用乘数分析法推出的公式中，再存款比率和境外银行准备金占存款的比率在国内银行体系下，短期内或许可视为常数，但在境外人民币市场上，则是极不稳定的变量，它主要取决于境外银行资产选择过程，同时也受到国内和国外利率结构变化的影响，绝不是一个常数。以固定的乘数分析法来探讨境外人民币市场的存款扩张并不恰当。国内的银行从公众吸收短期存款而对公众进行长期放款，对非银行部门的流动性扩张有很大作用，但在境外人民币市场上，银行人民币资产到期日长短往往与负债到期日长短密切配合，以定期存款居多。所以境外银行的人民币存款创造能力不强。

上述三种分析方法的观点表明，人民币国际化条件下的存款货币创造过程比较复杂，不确定性大，需要综合各种情况后进行客观评估。

（四）人民币国际化条件下的财政政策与货币政策配合

1. 财政与金融的一般性关系。

财政与金融关系的制度安排是经济运行和宏观调控的核心问题之一。财政与金融的关系包含着十分丰富的内涵，不仅涉及财政部门与中央银行的关系、财政政策与货币政策的关系，而且还涵盖财政与商业性金融、政策性金融以及金融稳定的关系。这些关系的制度安排是否合理，对经济增长、价格稳定和资源配置效率具有非常重要的影响。从国际比较看，财政与金融关系的制度安排与一国政府职能、经济发展阶段密切相关，各国之间既存在一定差异，又有诸多共性。一是财政提供公共产品、化解公共风险和加强经济调节，金融则主要以利润最大化为目标，通过竞争机制发挥资源配置作用；二是财政部门与中央银行在资金关系上保持独立，财政不得直接或变相向中央银行透支；三是财政部门和中央银行加强财政政策与货币政策的协调配合，发挥在经济总量平衡和结构优化中的合力作用；四是财政通过政策性金融机构支持经济社会发展薄弱环节，并为商业性金融可持续发展创造良好的税制环境；五是财政在维护金融中发挥重要作用，对陷入财务困境而必须救助的金融机构提供担保或注资，为金融重组顺利进行提供税收优惠，承担金融风险的兜底责任（苏宁，2009）。

2. 人民币国际化对财政政策与货币政策配合的影响。

人民币国际化直接影响到财政政策、货币政策的传导机制；同时也更加需要财政政策与货币政策的密切配合，适应国际、国内经济周期的变动，有效实行以经济手段为主的调控，营造一个有利于本币国际化的宏观经济环境。

人民币国际化条件下的财政政策运作是个新问题。一方面，人民币国际化有效拓展了财政政策的活动空间。从国民收入恒等式 $(I-S)+(G-T)=M-X$ 看（I 表示私人部门投资，S 表示私人部门储蓄，G 表示政府支出，T 表示税收等政府收入，M 表示进口，X 表示出口），在本币国际化之前，若财政政策扩张（假定其他变量暂时不变，政府支出 G 增加），将能刺激社会总需求，同时也会带来国内利率水平上升，高利率引起国外资本流入，本币汇率随之升值，这对本国出口产生不利影响，国际收支出现逆差，从而总需求受到抑制，财政政策扩张效果降低。而随着人民币国际化程度的提高，本币可以直接用来对外收付，由此部分隔断了利率上升、本币汇率升值等传导环节对财政政策扩张效果的负面影响。从财政赤字承受力看，国际化的人民币可以直接作为国际清偿手段，提高了对外支付能力，从而能够承受更大的财政赤字和经常项目逆差。从财政政策作用的渠道上看，政府既可在国内，也可在境外发行人民币国债，从而扩大了国债政策的活动范围。另一方面，人民币国际化特别是在起步阶段对财政状况提出了更高要求。因为财政状况的健康程度直接影响到国家信誉，而国家信誉是人民币国际信誉的最基本支撑。人民币国际化也会带来各种风险，如果其他条件欠缺或不成熟，财政将不得不承受更大的压力，以应付各种来自内外部的冲击。

人民币国际化对货币政策的影响除了上述的货币创造机制外，它还影响到货币需求、货币流通速度，以及政策效应的国际传递等。在货币政策操作上，更应强调货币政策的独立性；在货币政策目标上更应强调币值稳定。

为更好地实现人民币国际化条件下的财政政策与货币政策配合，一要加强战略规划，将人民币国际化作为财政政策和货币政策宏观调控的重要内容，特别是财政政策要更多地纳入人民币国际化的新要求。二要根据人民币国际化不同阶段的特点，跟踪分析财政政策和货币政策传导机制的变化，准确把握政策的能力范围和作用边界。三要不断创新财政政策和货币政策的工具，尽可能保持足够多的工具可以使用，以应对不同情况。

（五）人民币国际化条件下的"三元悖论"

1. "三元悖论"的一般性表现。

按照 M－F 模型（蒙代尔—弗莱明模型），在开放经济下，一国宏观经济政策的搭配面临一个选择困境，即在经济发展的某一阶段，不能同时实现货币政策的独立性、固定汇率制度和资本自由流动，称之为"三位一体不可能性定理"或"三元悖论"。美国经济学家保罗·克鲁格曼（1999）根据 M－F 模型的基本原理，划出了一个三角形，称为"永恒的三角形"（The Eternal Triangle），如图 7－10 所示，该图三个顶点分别代表货币政策的独立性，固定汇率和资本自由流动，相对应的三条边代表货币政策的失效、浮动汇率制度和资本管制。这意味着，一国需要根据其特定的经济环境及经济发展的不同阶段，从中选择两个而放弃另一个，以使经济运行处于最优状态。当然，在现实中三者取其二并非绝对，而是存在程度上的选择。有学者对三个变量进行了假设定量，证明只要三者变量值为一个常数量，三者选择的程度可以不同，例如我国选择相对固定的汇率制度和较为独立的货币政策，但也选择了资本的相对自由流动；也有学者提出，在引入冲销政策的情况下，一国有可能在一定时期内和一定程度上同时实现货币政策的独立性、固定汇率和资本自由流动。

图7-10 永恒的三角形

2. 人民币国际化条件下"三元悖论"的分化。

人民币国际化影响到"三元悖论"框架下的搭配方案选择。如果将端点解和中间点解考虑在内，根据程度的不同，货币政策、资本流动、汇率制度三者之间理论上可以形成无数种组合或搭配方案。在人民币国际化的起步阶段，由于人民币跨流通规模很小，总体影响不大，所以"三元悖论"的表现不会有大的变化；在人民币国际化的成熟阶段，由于内外经济高度融合，"三元悖论"将大为弱化甚至消失；而在人民币国际化的中间阶段，"三元悖论"将会出现明显的分化，表现为：随着人民币国际化程度的提高，货币政策、资本流动、汇率制度之间组合的多种选择将逐步收敛为一种固定方案，该方案的要点包括：一是独立的货币政策。因为中国作为大型开放经济体，必须保持货币政策的自主性和主动性，同时也相应具备了保持货币政策独立性的坚实经济基础。二是相对自由的资本跨境流动。人民币国际化要由起步阶段发展到中间阶段，必须实现人民币资本项目的基本可兑换，这是一个基本的制度条件。三是浮动的汇率。人民币在全球部分地履行国际货币职能，不同程度上成为别国的盯住货币或名义货币锚，人民币汇率处于多种国际货币相互激烈竞争的环境，由国内外多种因素内生决定，而无法再由中国一家外生决定。

三、人民币国际化条件下的国际政策协调

（一）国际政策协调的一般性表现

在开放经济下，各国经济紧密依存，一国实现内外均衡目标的国内政策会影响到别国，别国的反应倒过来又影响本国经济。这种相互影响在一定程度上制约着一国实现内外均衡目标的努力，因此各国对国内政策进行国际协调十分必要。国际间政策协调在狭义上是指各国在制定国内政策过程中，通过彼此磋商等方式对某些宏观政策共同安排；在广义上则指在国际范围内能对各国国内宏观政策产生一定约束力的行为。按照政策协调的程度，国际间政策协调可分为：信息交换、危机管理、避免共享目标冲突、合作确定中介目标、部分协调、全面协调等。

（二）人民币国际化对国际政策协调的影响与要求

人民币国际化离不开全球经济合作的整体框架。人民币出境后，若没有对方国家的法律和政策承认，相关交易将较为困难。政策协调可以增强他国对人民币接受度以及处理人民币同主要国际货币之间的关系。在此过程中，应以合作共赢为原则，寻求本国利益与他国利益之间的平衡，使他国政府能够有热情和积极性参与中国政府的政策协调。由于人民币国际化条件下的国际政策协调涉及最多的还是区域货币金融合作，因此这应作为工作的重点。

一要注重加强同东亚各国以及其他地区的贸易关系，扩大进口，减少贸易顺差，增强东亚经济体对人民币的需求，逐步实现人

民币对亚洲美元的部分替代。

二要推动中国同其他国家和地区签署官方货币互换、本币结算等协议。促进中国与东亚经济体一般贸易中普遍采用人民币结算，履行结算货币职能。同时，充分利用货币互换协定等方式，促进东亚经济体中央银行扩大与中国人民银行间人民币的官方交易，使人民币在一定程度上成为东亚经济体的官方储备货币。

三要积极参与区域政策沟通和协调，以区域经济为背景制订货币政策，树立货币政策的公信力。中国经济的持续稳定增长和有效的货币政策可以成为区域经济发展的稳定器和货币政策的"驻锚"。今后，中国的货币政策既要考虑国内经济的需要，也要顾及对区域经济的影响；不仅要追求区域货币金融合作的收益，还要考虑并肩负应有的责任和承担必要的成本。

四要通过有约束性的制度建设来推动货币合作。东亚合作进程形成了一种独特的"亚洲传统"，即强调非正式性和共识性，而非制度性和约束性无法在区域货币合作上产生真正有效的制度产品。而在制度演进过程中，路径依赖较为重要，即"小的事件和偶然情形的结果可能使解决方案一旦处于优势，它们就会导致一个特定的路线"（诺斯，1990）。为此，要积极构建区域货币合作的制度框架，让他国接受人民币逐步形成路径依赖。这种制度框架一旦建立，就会通过"路径依赖"和"自我强化"效应，影响经济主体的预期乃至决策，人民币将在这一过程中逐渐提升自身的国际地位。

四、人民币国际化条件下的金融稳定

维护金融稳定，抵御内外冲击，保持金融体系的健康运行，既是防范系统性金融风险的需要，更是人民币国际化顺利推进的保证。人民币国际化能走多快、多远和多深，一定程度上取决于金融风险的控制能力。人民币跨境流通的过程，也是金融风险累积的过程，要有相应的风险释放和化解机制。随着人民币国际化程度的提高，需要重点关注和解决的金融稳定问题可概括为"一个渠道，两个难题"："一个渠道"是指重点监测和调节金融风险传递的跨境资本流动渠道，"两个难题"则指如何化解人民币国际化的"特里芬困境"和防范货币危机。

（一） 金融风险传递的跨境资本流动渠道

金融风险具有高度传染性，外部金融风险向国内的传递一般通过跨境资本流动渠道。在人民币未国际化的条件下，跨境资本流入和流出均存在汇兑环节，借助汇兑环节的控制，可以有效调节跨境资本流动的规模、方向和节奏；在人民币国际化的条件下，人民币跨境流动受到的限制相对较少，特别是本外币同时跨境流动，更增加了该渠道的复杂性和不稳定性。

从今后一段时期看，中国跨境资本流动渠道会呈现以下主要特征：一是跨境资本流入和流出的不对称性持续。跨境资本净流入现象已持续多年，该趋势仍将延续，因为中国经济会继续保持较快增长势头，城镇化步伐继续加快，对国际资本流入一直会有较强的吸引力；全球经济结构失衡的格局短期内难以根本纠正，造成资本净流入的外部因素暂时不会消失。二是跨境资本流动的虚拟性增强。跨境资本流动大致可分为三类：第一类是合规的资本流动，主要是指有实体经济背景、符合政策法规规定，如国际贸易和投资项下的跨境收支等；第二类是违规的资本流动，即不符合政策法规规定、被明令禁止，但随着人民币资本项目管制的放宽，原先被禁止的会被放开，该类资本流动由此不断减少；第三类是界于第一类和第二类之间的资本流动，政策法规没有明确允许也没有明文禁止，主要是套利性资本流动。由于人民币资本项目管制和人民币国际化会在一段时期内并存，使得境内外人民币资金存在两种价格，带来了本外币套利机会。该类资金往往脱离实体经济背景，对境内外的利率、汇率差异十分敏感，受市场预期变化的影响很大，偏重于投机，从而增强了资本流动的虚拟性。三是跨境资本流动的波动性加大。资本流动往往顺应经济周期，易出现过度流入或过度流出，难以平滑、双向进行，从而放大外部冲击。特别是在人民币国际化程度不高的阶段，由于缺乏可投资的渠道和产品，人民币只是趋利性资产而非避险性资产，市场投资风险偏好高时资本快速流入，反之则快速流出。四是对资本流入和流出的管理效果差异性明显。由于资本流入和流出的动因不同，所以政策工具对资本流入和资本流出作出同样幅度的变动，对政策目标的影响程度不一样；由于资本流入往往由非居民从境外发动，资本流出大多由居民从境内发动，因此，中央银行对资本流出可以采取有效的管理措施，而对资本流入则缺乏有效手段。

（二）金融稳定面临的两个突出难题

1. 人民币国际化条件下的"特里芬困境"。

布雷顿森林体系下的"特里芬困境"（Triffen Paradox）是指，要满足世界贸易增长带来的结算需要，他国的美元储备必须随之增加，由于布雷顿森林体系下国际资本流动受到严格限制，因此只能靠美国保持长期贸易逆差来向他国提供。而美国的长期贸易逆差会造成外国官方美元储备超过美国的黄金储备，导致美国难以实现美元与黄金自由兑换的承诺，进而动摇世界各国对美元的信心，可见"特里芬困境"本质上反映的是美元流动性和稳定性之间的矛盾。现行国际货币体系与布雷顿森林体系有着根本不同，"特里芬困境"随之有所缓解。一是在现行国际货币体系下储备货币多元化，其他储备货币发行国也承担了向全球供应储备货币的责任，而不再单一地依靠美元。二是大多数国家转向实行浮动汇率制度，汇率波动可在一定程度上调节国际收支，这降低了全球对国际储备货币的需求。三是对国际资本流动的管制大为放松，储备货币的供给和储备货币发行国的贸易逆差之间的相关性减弱。因为除了依靠贸易顺差渠道外，非储备货币发行国也可依靠多种国际资本流入渠道，特别是外国直接投资来增加国际储备货币。

人民币国际化不同程度上也会面临"特里芬困境"，必须保持好全球人民币的流动性和稳定性之间的平衡。一方面，要通过各种渠道向境外输出人民币，其中保持贸易逆差是最常用、最有效的手段，要做到这一点，中国经济增长方式须由出口和投资拉动向消费拉动转变，并由原来的资本净流入大国向资本输出大国转变。另一方面，要保持经济的稳定增长和合理的国际收支结构，对贸易逆差有足够的承受力，使人民币始终有雄厚的国家信誉保证。

2. 人民币国际化条件下的货币危机压力。

随着人民币国际化的推进，汇率问题更加突出。作为开放经济下的核心变量，汇率是内外经济转换的总开关，也是调节内外均衡的重要工具。汇率波动是各种社会经济因素作用的综合反映，人民币国际化过程中可能产生的各种矛盾会通过汇率剧烈动荡集中爆发出来，从而带来货币危机压力。从形成机制上看，主要有：一是资本流动逆转。大量跨境资本流入会推高资产价格，造成资产泡沫，增加金融体系的信贷风险和本币升值压力；资本流入后在短时间内又大量流出，则会对汇率形成强大的贬值压力。二是货币替代不确定。在人民币可兑换程度较高和国际化的条件下，非居民和居民都会不断地在人民币和其他国际货币之间进行选择，而且这种选择往往具有"羊群效应"，造成对人民币需求的不稳定，进而影响到汇率的稳定。三是各种套利的频繁发生。加入了人民币的国际市场有一个逐步完善的过程，国际投机资本会紧盯人民币国际化过程中的各种套利机会，造成汇率的剧烈波动。

（三）人民币国际化条件下的跨境资本流动风险管理

1. 对本外币资金跨境流动进行宏观审慎管理和逆周期调节。

如何在推进人民币国际化的同时，防范大量资本流动带来的冲击，维护国内经济和金融的稳定，是我国面临的一个重大考验。一是人民币国际化要同国际贸易投资等实体经济活动紧密地结合在一起，以服务实体经济发展为主要导向，防止人民币国际化脱离实体经济。二要妥善安排好人民币资本项目可兑换、人民币国际化、人民币利率和汇率市场化等重大改革的顺序，加强制度的顶层设计，使人民币国际化的推进始终具备良好的市场条件和配套制度保证。三要针对国际收支的持续失衡、短期性和投机性的资本流动，进行逆周期调节和采取必要的资本管制，平滑资本的过度流动和平抑汇率的剧烈波动。

2. 加强本外币资金跨境流动监测分析。

一是建立健全本外币全口径跨境资金流动监测体系，全面准确地评估跨境资本流动带来的各种风险。对人民币和外币进行整合监测，建立全面完善的统计监测制度，以实现对跨境资本流动全貌的监测和掌控；加强个人跨境结算人民币资金的监管和统计，测量人民币跨境的现钞流通量和沉淀数量；建立统一的预警指标体系，重点监测进出口贸易、对外投资、外商直接投资、外债等资金流动情况，及早发现异常资金流动趋势，并采取相应防范措施。二是强化跨境收支数据申报的法律效力。随着人民币"走出去"和资本项目可兑换进程的加快，资本管制逐步放松，货币管理当局所能取得的数据将大量依赖于涉外主体的申报，这些数据也将成为监测预警的支撑。为此，必须通过法律约束、政策宣传等多种渠道促进涉外主体主动申报、准确申报、及时申报跨境收支数据，从而促进监测预警指标体系的正常运转。

3. 加强部门协调配合。

随着人民币国际化的不断推进，不同币种、不同性质的交易行为互相渗透，跨境资本流动趋于多变和多样化。现阶段，要通过统一规划和整合，实现各部门的协调配合。一是建立跨境资本流动多部门协同监测机制。加强人民银行、外汇管理局以及与银监会、证监会、保监会、海关、公安等部门的协作，加强部门间政策协调，使各部门在职责分工、政策法规上相互衔接，在行政管理上相互配合，明确各部门在跨境资本异常流动甄别、监测、跟踪、预警等方面的监管责任，有效发挥多部门合力，实现对跨境资本流动的全面、有效监管。二是实现境内外协同监管。跨境资本流动带来的压力要求我国监管部门在银行监管和金融危机防范等方面与各国进行有效的沟通，并及时就防范和应对经济金融危机进行国际协调。

五、小　结

开放经济下的政策目标可概括为内部均衡和外部均衡。随着人民币国际化的推进，中国与世界经济的依存性和融合度进一步提高，本币国际化为开放经济注入了新的内容，内外均衡问题将变得更加复杂。根据人民币国际化程度的高低，人民币国际化大致可分为起步阶段、中间阶段和成熟阶段三个发展阶段。相应地，政策目标也将经历一个先由少到多、由简单到复杂，再由多到少、由复杂到简单的过程。政策目标最复杂、处理难度最大的是中间阶段。

对于人民币国际化条件下内外均衡目标之间的冲突，可以在事前采取一些预防性措施，减少其发生的可能或减轻影响；也可进行事后冲销，以得到暂时性的矛盾缓解。但总的来说，解决目标冲突的最基本方法还是政策搭配，用多种政策工具的搭配组合同时实现多个经济目标。

人民币国际化离不开全球经济合作的整体框架。借助国际政策协调可增强他国对人民币接受度以及处理人民币同主要国际货币之间的关系。

随着人民币国际化程度的提高，需要重点关注和解决的金融稳定问题在于：监测和调节金融风险传递的跨境资本流动渠道，及时化解人民币国际化的"特里芬困境"和防范货币危机。

第八章 结 论

人民币国际化是一个理论性和实践性很强的综合性问题。本书着重分析了什么是人民币国际化，人民币为什么需要国际化，以及如何实现人民币国际化，这仅仅是一个阶段性的研究进展。从人民币国际化的现状和发展趋势看，当前迫切需要加强人民币国际化实践的理论指导和政策支持。今后可进一步深化以下方面的研究：一是定量评估人民币国际化的程度和经济效应，以准确把握人民币国际化所处的状态变化和所产生影响的大小。二是进行人民币国际化金融财税政策支持的方案设计，推动政策实施。三是进一步揭示人民币国际化与国际分工地位之间的关系，更清晰地阐释人民币国际化作为国家战略的必要性和可行性。四是随着人民币国际化的深入推进，及时分析与人民币国际化相关的国际货币体系改革，区域货币金融合作中出现的新情况和新问题。

参考文献

[1] [美] 奥利佛·威廉姆森、斯科特·马斯腾编，李自杰、蔡铭等译：《交易成本经济学：经典名篇选读》，人民出版社 2008 年版。

[2] 艾华：《经济全球化第二条道路：中国 FTA 战略》，载于《广东审计》2006 年第 4 期。

[3] 博源基金会：《人民币国际化：缘起与发展》，社会科学文献出版社 2011 年版。

[4] 巴曙松：《2009：人民币国际化的起步之年》，载于《文汇报》2009 年第 5 期。

[5] 陈雨露、王芳、杨明：《作为国家竞争战略的货币国际化：美元的经验证据：兼论人民币的国际化问题》，载于《经济研究》2005 年第 2 期。

[6] 陈四清：《人民币国际化与我国银行的国际化经营》，载于《金融时报》2010 年第 3 期。

[7] 陈共：《财政学》，中国人民大学出版社 2007 年版。

[8] 陈小五：《人民币国际化的主要条件与现实基础》，载于《中国货币市场》2012 年第 4 期。

[9] 陈小五：《人民币国际化研究现状述评》，载于《浙江金融》2010 年第 10 期。

[10] 陈小五：《人民币跨境业务发展的若干问题探讨》，载于《南方金融》2010 年第 10 期。

[11] 陈小五：《人民币国际化与外汇管理体制改革》，载于《上海金融》2011 年第 7 期。

[12] 陈小五：《外汇管理中税收效益的理论分析》，载于《中国外汇管理》2001 年第 6 期。

[13] 曹彤：《构建三足鼎立的国际货币金融体系新格局》，载于《金融时报》2009 年第 8 期。

[14] 曹彤：《关于区域经济与国际金融新格局中人民币作用的思考》，载于《中国货币市场》2009 年第 9 期。

[15] 曹彤：《关于构建亚洲人民币的思考》，载于《银行家》2009 年第 10 期。

[16] 崔晓燕：《东亚最适度通货区的经济可行性研究》，载于《华中科技大学博士论文》2007 年。

[17] 邓子基、林致远：《财政学》，清华大学出版社 2008 年版。

[18] 多米尼克·萨尔瓦多等著，贺瑛等译：《欧元、美元和国际货币体系》，复旦大学出版社 2007 年版。

[19] 戴相龙：《上海建设国际金融中心应有重要突破》，载于《新民晚报》2010 年。

[20] 高海红、余永定：《人民币国际化的含义与条件》，载于《国际经济评论》2010 年。

[21] 丁剑平、周建芳：《影响人民币汇率形成的因素研究：对预期、联动和参照构成的分析》，中国金融出版社 2010 年版。

[22] 冯冰：《国际化进程中的人民币强势战略》，经济科学出版社 2008 年版。

[23] 冯郁川：《人民币渐进国际化的路径与政策选择》，中国金融出版社 2009 年版。

[24] 方霞：《东亚区域货币锚之研究》，经济科学出版社 2009 年版。

[25] 付竞卉：《关于人民币国际化问题的国内研究综述》，载于《现代商业》2007 年第 4 期。

[26] 郭庆平：《人民币离国际货币有差距：应持谨慎态度》，

载于《中国发展门户网》。

[27] 何泽荣：《入世与人民币国际化》，西南财经大学出版社2002年版。

[28] 何国华：《西方货币国际化理论综述》，载于《经济评论》2007年第7期。

[29] 何帆：《国际货币体系中的美元霸权因素及其影响》，载于《中国外汇管理》2005年第6期。

[30] 何帆、张明：《国际货币体系不稳定中的美元霸权因素》。

[31] 华民等：《从欧元看货币一体化的发展前景》，载于《世界经济》2005年第4期。

[32] 黄燕君：《港币—人民币一体化：意义、条件、前景》，中国社会科学出版社2003年版。

[33] 黄燕君、赵生仙：《区域货币一体化理论发展述评》，载于《浙江社会科学》2002年第4期。

[34] 黄燕君、包佳杰：《国际贸易结算货币理论及其对我国的启示》，载于《国际商务（对外经济贸易大学学报）》2007年第11期。

[35] 黄达：《人民币的风云际会：挑战与机遇》，载于《经济研究》2004年第7期。

[36] 黄梅波：《货币国际化及其决定因素—欧元与美元比较》，载于《厦门大学学报（哲学社会科学版）》2001年第6期。

[37] 胡晓炼：《跨境贸易人民币结算试点政策与实务》，中国金融出版社2010年版。

[38] 胡晓炼：《我国外汇管理体制改革的历程和经验》，载于《中国金融》2008年第7期。

[39] 胡晓炼：《市场驱动、顺势而为、扎实推进人民币跨境业务开展》，载于《中国金融》2010年第9期。

[40] 韩文秀：《人民币迈向国际货币》，经济科学出版社2011年版。

［41］韩惠：《人民币国际化问题研究》，载于《对外经济贸易大学硕士论文》2006 年第 4 期。

［42］贾康等著：《战略机遇期金融创新的重大挑战：中国政策性金融向何处去》，中国经济出版社 2010 年版。

［43］贾康：《应实现政策性金融服务多元化发展》，载于《经济研究参考》2009 年第 12 期。

［44］贾康：《国债发行 30 年回顾与前瞻》，载于《21 世纪经济报道》2011 年。

［45］贾康、赵全厚：《财政改革 30 年的基本经验和未来展望》，载于《经济研究参考》2009 年第 1 期。

［46］贾康、孟艳：《我国政策性金融体系基本定位的再思考》，载于《当代财经》2011 年第 6 期。

［47］贾康、孟艳：《招投标方式政策性金融：运转条件、发展空间与相关框架探讨》，载于《财贸经济》2009 年第 10 期。

［48］姜凌：《当代国际货币体系与南北货币金融关系》，西南财经大学出版社 2003 年版。

［49］姜波克、张青龙：《货币国际化：条件与影响的研究综述》，载于《新金融》2005 年第 8 期。

［50］姜波克、罗得志：《最优货币区理论综述兼述欧元、亚元问题》，载于《世界经济文汇》2002 年第 2 期。

［51］金琦：《香港人民币业务发展及有关清算安排》，载于《中国金融》2007 年第 7 期。

［52］金卫星：《马歇尔计划与美元霸权的确立》，载于《史学集刊》2008 年第 11 期。

［53］江小涓、杨圣明、冯雷：《中国对外经贸理论前沿Ⅲ》，社会科学文献出版社 2003 年版。

［54］景学成：《试论人民币基本可兑换》，载于《财贸经济》2000 年第 8 期。

［55］菊地悠二：《日元国际化：进程与展望》，中国人民大学

出版社 2002 年版。

[56] 李稻葵、刘霖林：《人民币国际化：计量研究及政策分析》，载于《金融研究》2008 年第 11 期。

[57] 李婧：《新国际金融环境下的中国金融开放安全》，载于《经济与管理研究》2009 年第 6 期。

[58] 李扬：《储备货币多元化下的国际货币体系改革》，载于《第一财经日报》2009 年。

[59] 李晓、丁一兵：《亚洲的超越：构建东亚区域货币体系与人民币亚洲化》，当代中国出版社 2006 年版。

[60] 李晓、丁一兵：《现阶段全球经济失衡与中国的作用》，载于《吉林大学社会科学学报》2007 年第 1 期。

[61] 李晓、上川孝夫：《人民币、日元与亚洲货币合作：中日学者的对话》，清华大学出版社 2010 年版。

[62] 李晓：《"美元体制"的可持续性与东亚货币金融合作的路径选择》，载于《学术月刊》2010 年第 6 期。

[63] 李文：《产业结构税收政策研究》，山东经济出版社 2007 年版。

[64] 李富有：《区域货币合作：理论、实践与亚洲的选择》，中国金融出版社 2004 年版。

[65] 李超、孙辉：《中国市场经济建设中财政与金融关系》，中国金融出版社 2009 年版。

[66] 李杰、满新程：《商业银行"走出去"研究》，经济科学出版社 2009 年版。

[67] [日] 泷田洋一著，李春梅译：《日美货币谈判：内幕 20 年》，清华大学出版社 2009 年版。

[68] 李昌英：《论货币统一理论与实践：兼论韩国与朝鲜的货币统一》，中国海洋大学出版社 2005 年版。

[69] 李瑶：《非国际货币、货币国际化与资本项目可兑换》，载于《金融研究》2003 年第 8 期。

［70］李伏安、林杉：《国际货币体系的历史、现状》，载于《金融研究》2009 年第 5 期。

［71］刘力臻、徐奇渊：《人民币国际化探索》，人民出版社 2006 年版。

［72］刘光灿、蒋国云、周汗勇：《人民币自由兑换与国际化》，中国财政经济出版社 2003 年版。

［73］刘溶沧、苏允琴：《中国财政政策货币政策理论与实践》，中国金融出版社 2001 年版。

［74］刘广平、王意家、林利忠：《海关征税》，中山大学出版社 1999 年版。

［75］刘仁伍、刘华：《人民币国际化风险评估与控制》，社会科学文献出版社 2009 年版。

［76］鲁世巍：《美元霸权与国际货币格局》，中国经济出版社 2006 年版。

［77］罗忠洲、徐淑堂：《本币升值、出口竞争力和跨境贸易计价货币选择》，载于《世界经济研究》2012 年第 1 期。

［78］蓝庆新、夏占友：《中国企业"走出去"》，对外经济贸易大学出版社 2007 年版。

［79］牛娟娟：《促进贸易和投资便利化，提高我国对外开放水平》，载于《金融时报》2011 年。

［80］聂利君：《货币国际化问题研究：兼论人民币国际化》，光明日报出版社 2009 年版。

［81］秦春华：《经济体制变迁中的财政职能研究》，北京大学出版社 2009 年版。

［82］邱兆祥等：《人民币区域化问题研究》，光明日报出版社 2009 年版。

［83］曲博：《国家政策偏好与地区公共产品供给不足：以东亚货币合作为例》，《国际公共产品与地区合作》2009 年版。

［84］冉生欣：《现行国际货币体系与人民币汇率制度改革》，

中国财政经济出版社 2007 年版。

[85] 施建淮：《现实的选择：力推美元、欧元和人民币三足鼎立的国际货币体系》，载于《21 世纪经济报道》2009 年。

[86] 孙东升：《人民币跨境流通的理论与实证分析》，对外经济贸易大学出版社 2008 年版。

[87] 宋晓玲：《人民币国际化：基于国际货币竞争的视角》，经济科学出版社 2011 年版。

[88] 宋敏、屈宏斌、孙增元：《走向全球第三大货币：人民币国际化问题研究》，北京大学出版社 2011 年版。

[89] 谭毅：《国际货币合作：性质、意义与理论基础》，中山大学出版社 2005 年版。

[90] 唐双宁：《美元、人民币和世界货币》，载于《21 世纪经济报道》2009 年。

[91] 王勇辉：《东亚货币合作的政治经济学分析》，载于《世界知识出版社》2008 年版。

[92] 王雅范、管涛、温建东：《走向人民币可兑换：中国渐进主义的实践》，经济科学出版社 2002 年版。

[93] 吴澄秋：《地区公共产品的供需与区域经济一体化：拉丁美洲的经验》，载于《国际公共产品与地区合作》2009 年版。

[94] 吴晓灵：《中国债券市场的发展与开放》，载于《中国金融》2008 年第 1 期。

[95] 汪斌：《中国产业：国际分工地位和结构的战略性调整：以国际区域为新切入点的理论与实证分析》，光明日报出版社 2006 年版。

[96] 万荃：《人民币走出去的十年之路》，载于《金融时报》2011 年。

[97] 许少强：《试论人民币向国际货币过渡的顺序和评估》，载于《上海金融》2003 年第 11 期。

[98] 许竹青：《银行业国际化进程及效应研究》，载于《复旦

大学博士论文》2003 年第 4 期。

[99] 徐奇渊、刘力臻：《人民币国际化进程中的汇率变化研究》，中国金融出版社 2009 年版。

[100] 徐奇渊、李婧：《国际分工体系视角的货币国际化：美元与日元的典型事实》，载于《世界经济》2008 年第 2 期。

[101] 徐明棋：《从日元国际化的经验教训看人民币国际化与区域化》，载于《世界经济研究》2005 年第 12 期。

[102] 谢洪燕：《东亚区域货币合作与人民币地位研究》，经济科学出版社 2010 年版。

[103] 余永定、何帆、李婧：《亚洲金融合作：背景、最新进展与发展前景》，载于《国际金融研究》2002 年第 2 期。

[104] 严佳佳：《人民币国际化的货币替代机制研究》，中国金融出版社 2011 年版。

[105] 姚枝仲：《不对称竞争与人民币的亚洲战略》，载于《世界经济与政治》2004 年第 8 期。

[106] 姚望：《大国崛起的步伐：中国"走出去"战略》，科学出版社 2008 年版。

[107] 姚洪心、高印朝：《货币国际化收益与成本理论的国外最新研究进展》，载于《上海金融》2008 年第 3 期。

[108] 姚晓东：《基于国际货币合作视角的人民币区域化路径研究》，载于《天津财经大学博士论文》2011 年。

[109] 亚洲开发银行：《东亚货币与金融一体化发展前景》，经济科学出版社 2005 年版。

[110] 易纲：《汇率制度的选择》，载于《金融研究》2000 年第 9 期。

[111] 易纲：《以"人民币第一"战略促进和平发展》，载于《中国经济学教育科研网》2006 年。

[112] 易纲：《易纲接受〈中国改革〉执行总编辑胡舒立采访》，载于《中国改革》2010 年。

[113] 杨槐:《货币替代—潜在的威胁与对策》,载于《金融研究》1998 年第 10 期。

[114] 朱正罡:《国有商业银行国际化经营战略》,中国金融出版社 2004 年版。

[115] 曾刚:《日元国际化研究:前景、影响和借鉴意义》,载于《北京大学博士论文》2002 年。

[116] 宗良、李建军:《人民币国际化理论与前景》,中国金融出版社 2011 年版。

·[117] 赵海宽:《人民币可能发展成为世界货币之一》,载于《经济研究》2003 年第 3 期。

[118] 周林、温小郑:《货币国际化》,上海财经大学出版社 2001 年版。

[119] 周小川:《关于改革国际货币体系的思考》,载于《中国人民银行网站》2009 年。

[120] 周寂沫:《世界三大货币:经济全球化中的货币战略》,中国经济出版社 2010 年版。

[121] 郑杨等:《推动人民币"走出去"的有关问题研究》,载于《中欧陆家嘴国际金融研究院课题报告》2009 年。

[122] 祝丹涛:《论货币同盟形成的条件》,中国金融出版社 2007 年版。

[123] 祝小兵:《东亚金融合作:可行性、路径与中国的战略研究》,上海财经大学出版社 2006 年版。

[124] 张宇燕、张净春:《货币的性质与人民币的未来选择:兼论亚洲货币合作》,载于《当代亚太》2008 年第 4 期。

[125] 张志超:《汇率政策新共识与中间制度消失论》,载于《世界经济》2002 年第 12 期。

[126] 张杰:《银行制度改革与人民币国际化:历史、理论与政策》,中国人民大学出版社 2010 年版。

[127] 张远军:《中俄间人民币跨境流通的理论与实证研究》,

载于《金融研究》2011 年第 6 期。

[128] 张青龙:《人民币国际化问题研究》，载于《复旦大学博士论文》2006 年第 4 期。

[129] 中国人民银行金融研究所:《对改革国际金融监管体系的几点认识》，载于《中国人民银行网站》2009 年。

[130] 中国人民银行金融研究所:《人民币汇率形成机制改革进程回顾与展望》，载于《金融时报》2011 年。

[131] Aliber. Robert, The Future of the Dollar as an International Currency. New York: Frederick Praeger, Publishers, 1966.

[132] Bilson, The choice of an invoice currency in international transactions, MIT Press, 1983.

[133] Cohen, The Geography of Money, N. Y. Cornell University Press, 1998.

[134] Emerson, One market One Money, Oxford University, 1992.

[135] Eichengreen. Sterling's Past, Dollar's Future: Historical Perspectives On Reserve Currency Competition, NBER Working Papers, 2005.

[136] Hefeker, Nabor. Yen or Yuan? China's Role in the Future of Asian Monetary Integration, HWWA discussion paper, 2006.

[137] Hartmann, The International Role ofeuro, Journal of Policy Modeling, 2002.

[138] IMF, Bilateral Surveillance over member's policies. Executive Board Desion, 2007.

[139] Johnson B., Darbar S., Echeverria C., Sequencing Capital Account Liberalization: Lessons from the Experiences in Chile, Indonesia, Korea, and Thailand, IMF Working Paper, 1997.

[140] K. Matsuyama, N. Kiyotaki, A. Matsui, Toward a Theory of International Currency, Review of Economic Studies, 1993.

[141] Mr Greenspan, Discussion recent trends in the management

of foreign exchange reserves, BIS Review 47, 1999.

[142] M. Chinn, J. Frankel, Will the Euro Eventually Surpass the Dollar as leading international Reserve Currency? In "GT current Account Imbalances: sustainability and adjustment", University of Chicago Press, 2007.

[143] Mundell R. A, The Appropriate Use of Monetary and Fiscal Policy for internal and External Stability, Staff Papers IMF, 1962.

[144] Mundell R. A, The International Financial System and Outlook for Asian Currency collaboration, The Journal of Finance, 2003.

[145] Phillip H, Currency Competition and Foreign Exchange Market: the Dollar, the Yen and the Euro, Combridge University Press, 1988.

[146] Ronald I. McKinnon, Currency Substitution and Instability in the World Dollar Standard, The American Economic Review, 1982.

[147] Ronald I. McKinnon, The Order of Economic Liberlization: Financial Control in the Transition Towards A Market Economy, John Hopkins University Press, 1991.

[148] Swoboda, Alexander, Vehicle Currencies and the Foreign Exchange Market: The Case of the Dollar, The International Market for Foreign Exchange, 1969.

[149] Tavlas G. S, The International Use of Currencies: The U. S. Dollar and the Euro, Financial and Development, 1998.

[150] Tinbergen, Jan, On the Theory of Economic Policy, Amsterdan. 1952.

[151] Triffin, Robert, Gold and Dollar Crisis, Yale University Press, 1960.

后　记

　　近年来，笔者持续关注国际金融和外汇管理领域的一些热点难点问题，同时也在从事这方面的实务工作，先后围绕中国外汇市场的培育与管理、中国外汇管制条件下的外汇资金运作与管理等问题进行了较为系统的专题研究。2007 年美国次贷危机爆发，由此引发的国际金融危机不断蔓延发酵，关于国际货币体系改革、区域货币金融合作、人民币国际化等问题的讨论随之快速升温。2009 年 7 月 6 日，跨境贸易人民币结算试点启动，标志着人民币国际化正式进入了起步阶段。在此背景下，笔者开始更多地将研究重点转向人民币国际化领域。

　　货币国际化是一个很通俗又很复杂的问题。说其通俗，就是货币类似空气、水，与人们日常生活的关系非常密切；美元等国际货币如同英语等国际语言，在全球范围内被广泛接受、持有和使用，人们对美元的全球流通也早已司空见惯。说其复杂，则是既然世界上有许多种国家货币，那么为何大家只愿使用其中的一种或几种，而不是你的货币？人们常说，把简单的东西做成复杂，容易；把复杂的东西做成简单，困难。所谓绝招，不是指其有多复杂，而是指把最简单的东西做到了极致。所以，由复杂到简单，由深奥到通俗，实乃看似平常却艰辛。对于使用者或接受者来说，一种货币的币值越稳定、使用越简单，就越有生命力和吸引力，越有可能成为国际货币或国际化程度高的货币；但对于该货币的提供者来说，要想把这种简单呈现给该货币的使用者或接受者，背后则需长期付出艰辛的努力，解决一系列复杂的难题，始终为该货币提供强大的国家信用保证。

人民币的历史较短，但发展很快，而人民币国际化将是一个漫长的动态发展过程。人民币自 1948 年 12 月 1 日诞生至今，走过了 64 年路程，大致可分为三个发展阶段。第一阶段是自诞生至 1978 年的计划经济时期。人民币仅是经济核算工具，货币职能残缺，而在同时期的国际市场上，英镑的国际货币地位走向衰落，美元走向强盛；第二阶段是 1978 年至跨境贸易人民币结算试点正式启动的 2009 年。随着中国的改革开放，人民币的国内货币职能已全面完备并得到充分发挥，在周边国家和地区的自发流通规模不断扩大，而同时期的美元是全球唯一的关键国际货币。第三阶段是 2009 年以来。人民币"走出去"开启了一个新时代，当前正面临难得的有利时间窗口。人民币国际化的道路比较漫长，但紧要处只有几步，这不仅仅需要一股激情，更需要一种历史担当和责任。

在阅读大量现有相关文献和总结一线工作体会的基础上，笔者最终选择了"人民币国际化与金融财税政策支持"作为研究主题。本书研究自始至终得到了贾康老师的关心帮助与精心指导。贾老师多次提到，要注重在中国今后发展战略的框架下考虑人民币国际化问题，更多地从本质上揭示人民币国际化的规律和特点；充分发挥在一线工作的优势，坚持研究的问题导向，及时回应人民币跨境业务发展中面临的现实难题，使本书研究更好地"接地气"；在研究方法上，要大胆设想，小心求证；对一些流行的观点要辩证地分析。这些都及时有效地开阔了笔者的研究思路和视野。贾老师"理论紧密联系实际"的深厚功力和至高境界，宽厚正直、对后辈无私关爱的大家风范，孜孜不倦的科研精神、坚定执著的学术信仰，都给予我极大的精神鼓励和人生启迪。在此，谨向贾老师表示衷心的感谢！

在本书研究过程中，财政部财政科学研究所的王朝才老师、白景明老师、罗文光老师、陈穗红老师、张野平老师提出了宝贵意见和建议。本书研究得到了我的不少同事、同学的启发和帮助，也参阅了大量文献资料，在此不一一列举，并衷心表示感谢！

我的爱妻始终如一、无怨无悔地支持我，让我能静下心来顺利完成学业和本书研究，更让我不断地体会到生活的意义和美好！

由于工作任务较多，本书研究经常断断续续。这的确需要一种持之以恒、自得其乐的科研情结。但总而言之，能为人民币国际化贡献一点理论参考和对策建议，能在研究过程中得到一点乐趣和启示，这样的研究便有点意义、有点意思，足矣。

陈小五

2012 年 5 月

图书在版编目（CIP）数据

人民币国际化与金融财税政策支持研究／陈小五著．
—北京：经济科学出版社，2013.2
ISBN 978－7－5141－3066－9

Ⅰ.①人… Ⅱ.①陈… Ⅲ.①人民币－国际化－研究
②财税－金融政策－研究－中国 Ⅳ.①F822②F812.0

中国版本图书馆 CIP 数据核字（2013）第 037993 号

责任编辑：宋艳波
责任校对：曹 力
责任印制：李 鹏

人民币国际化与金融财税政策支持研究
陈小五 著
经济科学出版社出版、发行 新华书店经销
社址：北京市海淀区阜成路甲 28 号 邮编：100142
总编部电话：88191217 发行部电话：88191537
网址：www.esp.com.cn
电子邮件：esp@esp.com.cn
北京欣舒印务有限公司印装
880×1230 32 开 7 印张 170000 字
2012 年 12 月第 1 版 2012 年 12 月第 1 次印刷
ISBN 978－7－5141－3066－9 定价：26.00 元
（图书出现印装问题，本社负责调换。电话：88191502）
（版权所有 翻印必究）